宏观经济学
学习指导与练习册

吴云勇 主编
王佳方 王侠 苏晓寒 张慧玉 副主编

清華大学出版社
北京

内容简介

本书可以作为“宏观经济学”和“西方经济学”课程的辅助用书。本书主要内容包括宏观经济学学习指导、练习册及参考答案三部分。习题类型较全，含名词解释、单项选择题、判断题、计算题、分析讨论题、论述题、简答题、综合分析题共8种。本书有相关的精品课网站和习题库网站，有利于学生自主学习和教师随机生成试卷。本书覆盖了宏观经济学课程的主要知识点，且各章具有一定的独立性，教师可以根据教学实际进行取舍。

本书既可作为应用型本科经济管理类各专业的宏观经济学课程的辅助教材，也可作为非经管类专业学生及经济学爱好者学习宏观经济学的参考书。

本书封面贴有清华大学出版社防伪标签，无标签者不得销售。
版权所有，侵权必究。举报：010-62782989，beiqinquan@tup.tsinghua.edu.cn。

图书在版编目(CIP)数据

宏观经济学学习指导与练习册/吴云勇主编. -- 北京：清华大学出版社，2025. 1. -- ISBN 978-7-302-67990-5

Ⅰ. F015

中国国家版本馆 CIP 数据核字第 2025XP0657 号

责任编辑：孟毅新
封面设计：傅瑞学
责任校对：袁　芳
责任印制：沈　露

出版发行：清华大学出版社
网　　址：https://www.tup.com.cn，https://www.wqxuetang.com
地　　址：北京清华大学学研大厦 A 座　　邮　　编：100084
社 总 机：010-83470000　　邮　　购：010-62786544
投稿与读者服务：010-62776969，c-service@tup.tsinghua.edu.cn
质量反馈：010-62772015，zhiliang@tup.tsinghua.edu.cn
课件下载：https://www.tup.com.cn，010-83470410

印 装 者：三河市人民印务有限公司
经　　销：全国新华书店
开　　本：185mm×260mm　　印　　张：13.5　　字　　数：309 千字
版　　次：2025 年 3 月第 1 版　　印　　次：2025 年 3 月第1 次印刷
定　　价：46.00 元

产品编号：086461-01

前言

本书是“宏观经济学”和“西方经济学”课程的配套学习指导与练习册，当然也可以作为其他版本“宏观经济学”教材的辅助用书。

本书有以下特点。第一，覆盖了“宏观经济学”课程的所有主要知识点，且各章具有一定的独立性，教师可以根据授课学时、学生实际进行取舍。第二，练习册共分8种，其中名词解释、单项选择题、判断题、计算题、简答题、论述题有利于学生掌握基础知识，分析讨论题、综合分析题对提高学生理论联系实际、学以致用很有帮助。第三，学习指导部分包括宏观经济学学习方法、课程教学纲要、历届诺贝尔经济学奖获得者及其主要贡献、例文两篇等，这些内容可以让学生更好地理解和应用宏观经济学的基本理论，也可以进一步拓宽视野。第四，本书按照教学大纲的知识点，将各种类型的习题进行等级划分，更有利于学生自主学习和教师生成试卷。其中，基础级别的题标示为①，对应的题库题为“容易”；中等级别的题标示为②，对应的题库题为“中等”；有较大难度的题标示为③，对应的题库题为“难”；需要看更多资料拓展提高的题标示为*，一般不在考试范围内。

本书是《微观经济学学习指南与练习册》的姊妹篇。《微观经济学学习指南与练习册》自2013年8月出版以来，印刷多次，印数超过10 000册，被数十所高校学生使用，2020年9月出版了第2版。本书稿一直以电子版形式用于课堂教学，满足不了现实需要，因此出版本书。本书主要由吴云勇、王佳方、王侠、苏晓寒、张慧玉编写，张宇轩、王梓颐、靳博文、郑文浩、吴丽敏、段文鑫、项钰紫、冯凌艺、姜玉婷、吴思懿、赵吕宇佳、赵董亮等参与了校对，并反复推敲答案的可靠性。

在本书出版过程中参考了一些教材和习题集，在此表示谢意！

由于编者水平所限，书中难免有不足之处，恳请读者批评、指正。

编　者

2024年10月

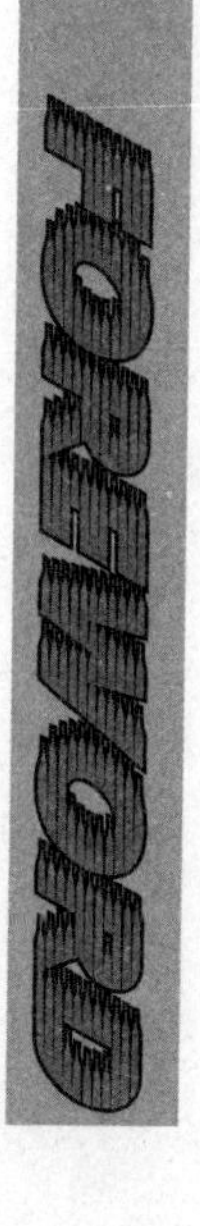

第一部分 宏观经济学学习指导

第二部分 宏观经济学练习册

第三部分 宏观经济学练习册参考答案

第一部分

宏观经济学学习指导

- 宏观经济学学习方法参考
- 科技金融赋能我国新质生产力发展研究
- 宏观经济学课程教学纲要
- 历届诺贝尔经济学奖得主及其主要贡献(1969—2023)
- 学以致用：例文两篇

宏观经济学学习方法参考

宏观经济学是一门建立在严格假设上的、逻辑完整的独立学科，关于宏观经济学的学习方法并不是统一的、标准的，像其他好多学科一样，要因人而异。但编者通过十几年的教学，也总结出一些对初学者能有些帮助的学习方法，总结撰写成本书，希望能给读者一些参考和借鉴。

一、几点注意

（1）注意宏观经济学的假设。经济学的结论，不管是宏观还是微观都是建立在一定的严格的假设条件下的。背离结论的假设来讨论结论，甚至臆断结论的应用都是没有意义，甚至是极端错误的。

（2）注意宏观经济学在逻辑上的完整性。检验自己是否理解了一个经济学流派的思想，一个重要的方法就是：闭上眼睛，看看该学派的理论在逻辑上是否完整，即是否能够自圆其说。

（3）注意宏观经济学学科的独立性。宏观经济的术语，即使在别的学科中也采用同样的表达方式，其意义往往不一样。所以，利用别的学科的经验，或者从字面上，甚至根据日常生活的经验来理解宏观经济上的术语是行不通的。

二、具体方法

（1）学会画图。可以发现，整个宏观经济学的理论体系是由一系列的图形贯穿起来的，几乎每一章、每一节都有图形，而且，要想阐述一个原理，没有图形配合是做不到的。因此，在学习中，尽量把每一个图形都熟练掌握，并理解图形所代表的政策含义。许多题目即使没有要求画出图形也可以利用图形帮助解答。另外，答题时能用得上图形就尽量用上。

（2）理解记忆重要的概念。掌握概念是学好任何一个学科的基础，宏观经济学中的概念比较多，要每一个都一字不差地背下来是没有必要的，关键在于理解，在理解的基础上记忆，用自己所掌握的经济学语言来阐述。

（3）系统化地掌握知识。宏观经济学中涉及许多不同的学派。不同学派的理论模型、观点、政策主张都是有一定的差异的，同时也具有一定的相关性。所以在学习中，要有意识地去联想记忆。

（4）广泛阅读文献资料。宏观经济学是一门分支很多的学科，同时也是学好专业课的基础，只要是开设宏观经济学课程的专业，其后续的课程中会多多少少应用到经济学的理论，所以，要广泛阅读文献资料，扩充知识面，我们在本书中列举了大量的参考书目，希望能够提供一些帮助。

科技金融赋能我国新质生产力发展研究

摘要：本文基于2011—2021年中国30个省份面板数据(不含西藏自治区和中国港澳台地区),构建科技金融和新质生产力综合评价指标体系。运用熵值法测度了科技金融和新质生产力发展指数,描述二者发展水平和动态演进轨迹。同时构建空间计量模型,实证检验了科技金融对新质生产力的影响。研究发现：①我国科技金融和新质生产力发展指数呈现出波动上升趋势,存在明显的空间异质性和非均衡性,表现为“东高西低”的空间格局；②科技金融对新质生产力发展具有显著的正向作用,科技金融能够为新质生产力发展赋能,同时在经济距离权重下对其周边区域新质生产力发展产生了最大的正向空间溢出效应；③从区域异质性来看,科技金融对东、中、西部新质生产力均能产生正向影响,作用效果则是“西强东弱”,东、中、西部地区依次递增；④中介机制检验表明,产业结构转型升级和绿色技术创新效率是科技金融影响新质生产力提升的两条重要渠道。据此,结合理论分析和实证检验结论,提出针对性对策建议,希冀为新质生产力和经济可持续发展提供参考。

关键词：科技金融；新质生产力；空间溢出；空间计量模型

一、引言

生产力具体表现为生产能力及其构成要素的发展,不仅是社会形态变革的主要驱动力,也是人类社会发展的决定性力量。生产力的显著跃进和发展更是推动社会进步和经济变革的核心因素。2023年9月,习近平总书记在新时代推动东北全面振兴座谈会上首次提出“新质生产力”这一重大理论标识性概念,强调“要积极培育新能源、新材料、先进制造、电子信息等战略性新兴产业,积极培育未来产业,加快形成新质生产力,增强发展新动能。”2024年政府工作报告更是将“大力推进现代化产业建设,加快发展新质生产力”作为首要任务提出,吸引学界广泛关注和讨论。发展新质生产力是推动高质量发展的内在要求和重要着力点,也是建设中国式现代化强国的必由之路。在国际产业竞争加剧和我国经济进入新常态的背景下,科技创新已成为现阶段我国经济高质量发展的必然选择和核心驱动力量。党的十九届五中全会提出“坚持创新驱动发展战略,塑造发展新优势”。“十四五”规划确定把科技自立自强作为国家发展的战略支撑。党的二十大报告进一步指出“创新是高质量发展的第一动力”“加快实施创新驱动发展战略”。林毅夫提出深化金融供给侧结构性改革,以金融创新推动经济高质量发展[1]。2023年中央金融工作会议强调,“金融要为经济社会发展提供高质量服务”“做好科技金融、绿色金融……五篇大文章”。科技金融为“五篇大文章”之首足以说明科技金融在推动高水平科技自立自强中的重要作用。以科技金融促进科技创新并落实到产业层面,实现科技—产业—金融的良性循环,是建设现代化产业体系和构建新发展格局的关键要求，也是建设现代金融强国的题中之意，发展科技金融是建设创新型国家的必由之路。

通过梳理现有文献发现，现阶段学术界有关科技金融与新质生产力的文献较为丰富，但仍存在两点不足。第一，现有文献大多侧重于新质生产力的理论研究，鲜有文献对其进行定量研究，其中关于新质生产力发展的区域差异和影响因素更是少之又少。第二，其中较多文献更侧重于科技金融的测算及其对创新效率、经济发展、产业转型升级的影响研究，很少有文献聚焦于科技金融对新质生产力的系统考察。然而，从经济地理学视角来看，科技金融和新质生产力的发展本身就存在空间尺度上的经济关联。因此，在进行相关研究时不能忽视研究对象存在空间依赖这一事实，要从空间溢出视角出发，全面考虑科技金融和新质生产力的空间相关性，提高实证结果的可信度和稳健性，更清晰地揭示科技金融对新质生产力发展的影响效果和作用路径，为之后的决策环节提供更可靠的理论依据和数据支持。

二、理论分析和研究假设

1. 科技金融赋能新质生产力发展的直接影响机制

科技金融生态系统通过资本形成效应、资源配置效应、创新融合效应和风险管理效应直接影响新质生产力。第一，科技金融通过资本形成效应为新质生产力提供充足的资本支持。科技金融的资本形成效应主要表现在丰富资本供给、拓宽融资渠道、提高资金的可获得性和增强企业融资能力等方面。研发投入是技术进步的第一推力[2]，一个发达的金融体系可以有效地动员储蓄，引导配置资源，从而缓解企业创新融资约束。第二，资源配置是科技金融的核心职能。资源配置效应主要表现在通过政府和市场的双重力量引导资本要素的产业流向、降低创新融资成本和提高金融资源配置效率方面。科技金融兼具公共金融和市场金融双重属性，围绕新质生产力的形成和提升，通过“有效市场＋有为政府”实现金融资源的有效配置。第三，科技金融促进创新链和产业链的融合。在科技金融生态系统中，金融机构、科技企业、高校、科研院所和政府部门形成协同创新网络，金融机构不仅提供资金，还参与科技项目评估和管理，政府部门通过政策支持和监管，保障科技金融生态健康发展，这种多方合作环境推动经济高质量发展，提升新质生产力发展水平。第四，科技金融的深度参与就是要减少单一主体对风险的过度承担，构建风险管理机制，具体包括风险转移机制、风险规避机制、风险分散机制、风险分担机制和风险补偿机制等，实现金融支持对创新过程的全覆盖，将技术风险、流动性风险和市场风险分散化、社会化。通过风险投资和创业孵化器等形式，科技金融生态为创新创业者提供实现梦想的平台和机会，培育创新文化和创业精神，丰富科技创新源头，持续提升新质生产力。

由此提出假设 H1：科技金融对新质生产力存在促进作用，同时可能存在空间溢出效应。

2. 科技金融促进产业结构升级赋能新质生产力

科技金融优化了资源配置，金融机构通过专业的市场分析和技术评估，引导资金流向最具创新潜力的企业和项目，提高了资源配置效率。此外，科技金融机构提供的增值服务，如战略咨询、市场拓展和技术支持，帮助企业提升管理能力和创新水平，推动了产业结构转型升级。邹建国采用省级面板数据，实证检验科技金融通过提高资源配置效率能够促进产业结构升级，但仍受制于制度环境，呈“倒U型”门槛效应[3]。产业结构升级增强了产业链和供应链的协同效应，随着产业链的延伸和供应链的优化，不同环节之间的协同合作更加紧密，生产效率和产品质量均有所提升。同时，产业结构升级带动了人力资本的提升。高技术产业和现代服务业对高素质人才的需求不断增加，促使教育和培训体系不断改进，提升了劳动者的技能和素质。随着产业结构的升级和创新驱动发展，新兴市场和新兴产业不断涌现，市场结构更加多元化和复杂化，这为企业提供了更多的市场机会和发展空间，激发了企业的创新活力。新市场的开拓和新产品的开发，不仅满足了多样化的消费需求，还推动了生产方式和商业模式的创新。

由此提出假设H2：科技金融促进产业结构升级，从而对新质生产力产生正向促进作用。

3. 科技金融通过提高绿色技术创新效率赋能新质生产力

科技金融体系具有主体多元化、渠道差异化和产品多样化特征。随着我国科技体制和金融体制改革，以财政科技投入、科技贷款、多层次资本市场、风险投资、科技担保和科技保险为主的科技金融体系逐渐形成。财政科技投入对科技创新有着巨大的贡献[4]，科技金融通过提供多样化和充足的资金支持，如绿色债券、绿色基金和绿色信贷，有效满足了绿色创新项目的资金需求，降低了企业融资成本和风险。大量研究表明，银行贷款对促进企业创新至关重要。资本市场开放对企业之间的并购具有显著的促进作用[5-7]，近年来资本市场注册制改革不断深化，对科技企业与科技创新的支持力度持续加大，2023年新上市企业中，60%都是“专精特新”中小企业。此外，科技金融机构提供的增值服务，包括环境评估、技术咨询和市场推广，帮助企业提升管理水平和市场竞争力。通过科学的风险评估和管理，科技金融降低了绿色创新项目的不确定性，增强了企业的创新积极性和成功率。高效的绿色创新提升了资源利用效率，企业通过绿色技术的应用，减少能源和资源消耗，降低污染物排放，提高了生产效益和环境友好度，推动了经济的绿色转型。绿色创新驱动技术进步和产业升级，可再生能源技术和环保技术的发展，促进了相关产业的优化和升级，提高了经济的附加值和整体竞争力。此外，绿色创新增强了市场竞争力和企业创新能力，企业通过开发环保高效的产品，满足绿色消费需求，提升市场地位和竞争优势。绿色创新过程中积累的技术和管理经验，进一步提升了企业的持续创新能力。这些机制共同推动了新质生产力的发展，为经济的高质量和可持续发展提供了强大的动力源泉。

由此提出假设H3：科技金融提高绿色技术创新效率，从而对新质生产力的发展产生正向促进作用。

三、研究方法、变量选取和数据说明

1. 研究方法

1）熵值法

构建科技金融发展指数综合评价模型，需要对评价体系内各指标权重进行量化。指标权重计算方法的选择和合理使用将直接影响评价结果的准确性和可靠性。本文借鉴王仁祥和张明喜等测度科技金融发展水平的具体做法，选择熵值法确定指标权重，测算科技金融和新质生产力发展指数。熵值赋权法的基本思路是依据指标变异性大小来确定客观权重，对评价指标数量无具体要求，一定程度上避免了主观赋权造成的偏差，可以准确反映指标信息熵值的效用值，计算结果可以跨年度比较，因此其适用范围较广。式(1)至式(7)详细说明了熵值赋权法的具体步骤。

第一步：数据标准化处理。

考虑到选取指标的计量单位不同，正负性不同，在测算时需要对各个指标进行标准化处理，将绝对值转化为相对值，实现各项指标的同质化。

(1) 正向指标计算公式如下。

$$X'_{ij}=\frac{X_{ij}-\min(X_{1j},X_{2j},\cdots,X_{nj})}{\max(X_{1j},X_{2j},\cdots,X_{nj})-\min(X_{1j},X_{2j},\cdots,X_{nj})}+1$$

$$(i=1,2,\cdots,n;\ j=1,2,\cdots,m) \tag{1}$$

(2) 负向指标计算公式如下。

$$X'_{ij}=\frac{\max(X_{1j},X_{2j},\cdots,X_{nj})-X_{ij}}{\max(X_{1j},X_{2j},\cdots,X_{nj})-\min(X_{1j},X_{2j},\cdots,X_{nj})}+1$$

$$(i=1,2,\cdots,n;\ j=1,2,\cdots,m) \tag{2}$$

设 X_{ij} 为样本 i 的第 j 项指标，$\min(X_{ij})$表示指标中的最小值，$\max(X_{ij})$表示指标中的最大值。

第二步：计算 X_{ij} 所占比重。

$$P_{ij}=\frac{X_{ij}}{\sum_{i=1}^{n}X_{ij}}\quad(j=1,2,\cdots,m) \tag{3}$$

第三步：计算第 j 项指标的熵值。

$$e_j=-k*\sum_{i=1}^{n}P_{ij}\ln(P_{ij}) \tag{4}$$

其中，$k>0$；ln 为自然对数；$e_j\geqslant 0$。式中常数 k 与样本数 m 有关，一般令 $k=1/\ln m$，则 $0\leqslant e\leqslant 1$。

第四步：计算第 j 项指标的差异系数。

$$g_j=1-e_j \tag{5}$$

第五步：计算权重。

$$W_j=\frac{g_j}{\sum_{j=1}^{m}g_j}\quad(j=1,2,\cdots,m) \tag{6}$$

第六步：计算综合评分。

$$S_i=\sum_{j=1}^{m}W_j*P_{ij}\quad(i=1,2,\cdots,n) \tag{7}$$

2) 空间计量模型构建

考虑到科技金融和新质生产力发展存在一定经济关联性，本文利用空间计量模型研究科技金融对新质生产力的影响，进而弥补研究过程中忽视新质生产力对地理区位依赖的缺憾。近年来相关文献对空间计量模型的应用主要集中于空间自回归模型(SAR)、空间误差模型(SEM)和空间杜宾模型(SDM)三种。不同类型的空间计量模型代表的经济含义和假定的空间传导机制并不相同，SEM模型假定空间溢出效应的产生是随机冲击的结果，主要通过误差项来传导。SAR模型的假设是因变量均具有空间相互作用，进而对其他区域产生影响，而空间杜宾模型则综合考虑了上述两种空间传导机制，同时反映了空间交互作用，即一个区域的经济水平不仅受本区域自变量的影响，还会受到其他区域经济水平和自变量的影响。为获取最优拟合效果，进行了LM、LR、Wald和Hausman检验，在此基础上本文选择个体与时间双固定效应下的SDM模型。

将经济活动的空间相关性加入模型中，综合考虑各变量的空间外溢情况，结合本文变量选取，对空间杜宾模型(SDM)具体设定如下。

$$\begin{aligned}\mathrm{Npd}_{it} = \beta_0 + \rho \boldsymbol{W}\mathrm{Npd}_{it} + \beta_1 \mathrm{Stf}_{it} + \beta_2 \mathrm{Control}_{it} + \theta_1 \boldsymbol{W}\mathrm{Stf}_{it} \\ + \theta_2 \mathrm{Control}_{it} + \lambda_i + \mu_t + \varepsilon_{it}\end{aligned} \tag{8}$$

其中，i 代表不同省份；t 代表不同年份；β 为参数；ρ、θ 为空间自回归系数；Control为控制变量；λ_i 和 μ_t 分别为地区和时间固定效应；ε_{it} 为随机误差项；$\boldsymbol{W}$ 为空间权重矩阵。

本文进一步构建空间自回归模型(SAR)和空间误差模型(SEM)进行稳健性检验，具体如下。

空间自回归模型(SAR)如下。

$$\mathrm{Npd}_{it} = \beta_0 + \rho \boldsymbol{W}\mathrm{Npd}_{it} + \beta_1 \mathrm{Stf}_{it} + \beta_2 \mathrm{Control}_{it} + \lambda_i + \mu_t + \varepsilon_{it} \tag{9}$$

空间误差模型(SEM)如下。

$$\mathrm{Npd}_{it} = \beta_0 + \theta_1 \boldsymbol{W}\mathrm{Stf}_{it} + \theta_2 \mathrm{Control}_{it} + \lambda_i + \mu_t + \varepsilon_{it} \tag{10}$$

3）空间权重矩阵的设定

设定空间权重矩阵是空间计量分析的前提，为了更全面地检验科技金融对新质生产力的影响，本文分别将邻接权重矩阵、经济距离权重矩阵和经济地理综合嵌套矩阵纳入计量模型中，对空间杜宾模型的总效应、直接效应和间接效应进行估计。邻接权重矩阵的设定为

$$\boldsymbol{W}_{ij} = \begin{cases} 1 & \text{区域 } i \text{ 与 } j \text{ 不相邻} \\ 0 & \text{区域 } i \text{ 与 } j \text{ 相邻} \end{cases}$$

$\boldsymbol{W}_{ij}$ 表示空间权重取值，若相邻则 $\boldsymbol{W}_{ij}=1$，不相邻则 $\boldsymbol{W}_{ij}=0$，值得特别说明的是，本文包含海南省指标，在地图上与其他省份不相邻，但与广东省联系紧密，因此将海南与广东省视为相邻关系，即 $\boldsymbol{W}_{ij}=1$。

为了能够较好地反映区域之间的经济相关性及其影响，本文参考张学良、方磊的做法设定经济距离权重矩阵，取人均GDP作为经济指标有利于消除地区之间经济规模的绝对差异，更客观地反映地区经济发展水平。地区 i 与地区 j 的经济距离为两地人均GDP均值之差的绝对值的倒数，公式为 $\boldsymbol{W}_e = 1 / \left| \overline{\mathrm{GDP}_i} - \overline{\mathrm{GDP}_j} \right|$，其中，$\overline{\mathrm{GDP}_i}$ 和 $\overline{\mathrm{GDP}_j}$ 分别表示省份 i 和省份 j 在2011—2021年的人均GDP的均值。

单方面从经济或地理的角度来探究影响是不严谨的，本文同时考虑了经济发展程度和地理距离远近构建经济地理嵌套矩阵：$\boldsymbol{W}_{ij} = \Phi \boldsymbol{W}_i + (1-\Phi)\boldsymbol{W}_j$，其中 Φ 表示地理距离

权重,(1−Φ)表示经济距离权重,参考方磊做法将权重 Φ 设为 0.5,表明地理距离和经济距离的同等重要性。

2. 变量选取

1) 被解释变量

本文认为新质生产力的本质为科技驱动,借助最新科学技术改变传统生产方式,提高生产效率,优化资源配置效率。本着科学性、可实现性和全面性原则,参考王珏[8]、孙丽伟[9]和卢江等[10]的做法,从新质劳动者、新质劳动对象和新质劳动资料 3 个维度衡量新质生产力的发展情况,包括 7 个一级指标和 22 个二级指标(见表 1)。

表 1　新质生产力指标选择

目标层	维度	一级指标	二级指标	指标度量
新质生产力	新质劳动者	劳动者质量	受教育程度	人均受教育年限
			科技人力投入	规模以上工业企业 R&D 人员全时当量
			人力资本水平	每十万高等学校在校生人数
			第三产业从业人员比重	第三产业从业人员/就业人员
		劳动者数量	人力资本总量	劳动力人力资本总量
			创新创业活跃度	区域创新创业指数
		劳动生产率	人均工资	在岗职工平均工资
			人均产值	总产值/就业人员
	新质劳动对象	战略性新兴产业与未来产业	电子商务企业数量	有电子商务的企业数量
			机器人发展	经营范围涵盖机器人的上市公司数量
			技术成果转化能力	技术市场成交额
			人工智能企业	人工智能企业数量
			电信业务占比	电信业务总量/GDP
			软件业务占比	软件业务总量/GDP
		生态环境保护	绿色覆盖率	森林覆盖率
			环境保护力	环境保护支出/政府公共财政支出
			污染排放量	二氧化碳排放总量/GDP
				二氧化硫排放总量/GDP
			工业废物治理	一般工业固体废物
				综合利用量
	新质劳动资料	有形劳动资料	数字基础设施	光缆线路长度
				互联网普及率
				移动电话普及率
			传统基础设施	铁路里程
				公路里程
		无形劳动资料	科技创新成果	每万人专利授权数量
			科技创新投入	R&D 经费支出/GDP

2) 解释变量

科技金融是基于科技创新的现实需求,为其提供的金融机构、金融工具、金融政策等服务的组合或制度安排。本文在构建科技金融评价指标体系过程中，基于目标性、系统性、科学性和可操作性原则，尽可能宽口径、多维度全面衡量科技金融发展水平。借鉴张玉喜[11]、张明喜等[12]构建科技金融体系的思路，基于金融生态的理念，将科技金融体系视为金融服务供给主体、中介服务机构(孵化机构、咨询评估机构等)、金融环境等所形成的一个相互影响、共同演进的金融服务体系。参考相关文献[13,16-17]的体系构建与指标选取方法，尝试建立科技金融微观主体与金融环境之间的关联，从微观主体子系统和金融环境子系统两个维度构建科技金融综合评价指标体系，包括科技金融经费规模、科技金融机构规模、科技金融中介服务规模、经济环境和科技资源环境五个一级指标(见表 2)。

表 2　科技金融指标选择

目标层	维度	一级指标	二级指标	指标度量
科技金融	微观主体子系统	科技金融经费规模	财政科技支出	财政科技支出总额
			科技贷款规模	地区总研发资金(来自政府、企业和国外的资金)
			科技保险规模	保险机构保险密度
				保险机构保险深度
			风险投资规模	创业风险投资额
			科技资本市场筹资额	科技型上市公司
				资本市场筹资额
		科技金融机构规模	机构数量和人员规模	金融机构网点数
				金融从业人员数
		科技金融中介服务规模	技术孵化能力	企业孵化器数量
				孵化基金总额
				孵化器对企业公共技术服务平台投资额
	金融环境子系统	经济环境	经济发展水平	人均 GDP
			金融发展水平	(年末贷款余额＋资本市场筹资额总值)/GDP
			对外开放水平	外商直接投资/GDP
				进出口总额/GDP
			普惠金融水平	北京大学数字普惠金融指数
			金融市场化水平	金融市场化指数
		科技资源环境	信息通信水平	互联网普及率
				移动电话普及率
			科技服务水平	科技服务业从业人员数/第三产业从业人员数
			教育投入水平	教育经费支出/财政支出总额

3) 控制变量

借鉴相关研究，选取对外开放水平(Open)、教育支出水平(Edu)、市场化水平(Mar)、城镇化水平(Urb)、金融发展水平(Fin)作为控制变量。①对外开放程度采用实际利用外商投资额占 GDP 比重来测度；②教育支出水平采用教育支出占 GDP 比重来测度；③市场化水平数据参考樊纲等构建的市场化指数[14]，其中 2019 年以前的数据来自《中国分省份市场化指数报告(2021)》，2019 年后数据参考余明桂等的做法进行计算[15]；④城镇化水平采用城镇人口占总人口比重来测度；⑤金融发展水平采用年末金融机构贷款余额占 GDP 比重来测度。

4）中介变量

借鉴相关研究，选取产业结构（Ins）和绿色技术创新效率（Ginn）作为中介变量。①产业结构采用第三产业增加值与第二产业增加值之比来进行测度。②参考韩先锋、周伯乐等的做法[18-19]，使用绿色技术创新效率来衡量。具体地，选取R&D人员全时当量和R&D内部经费支出作为投入指标，使用绿色专利申请授权量来衡量绿色技术创新产出，使用非参数估计——数据包络模型（DEA）测算绿色技术创新效率。

3. 数据说明

本文选取我国30个省、直辖市、自治区（不包括中国港澳台地区和西藏自治区）2011—2021年期间的样本数据。数据主要来源于各年份《中国统计年鉴》《中国金融统计年鉴》《中国火炬统计年鉴》《中国科技统计年鉴》《中国高技术产业统计年鉴》《中国区域创新能力报告》《中国分省份市场化指数报告》、国泰安数据库、Wind数据库、中国保险数据库。对个别年份缺失的数据，通过线性插值法和趋势递补法补全。描述性统计见表3。

表3 描述性统计

变量类别	变　量	样本数	最大值	最小值	平均值	中位数	方差
被解释变量	新质生产力（Npd）	330	0.641	0.029	0.135	0.107	0.089
解释变量	科技金融（Stf）	330	0.560	0.014	0.083	0.055	0.084
控制变量	对外开放水平（Open）	330	0.746	0.001	0.196	0.151	0.177
	教育支出水平（Edu）	330	9.073	2.112	3.943	3.460	1.377
	市场化水平（Mar）	330	12.390	3.359	8.039	8.171	1.914
	城镇化水平（Urb）	330	0.896	0.350	0.590	0.572	0.121
	金融发展水平（Fin）	330	7.578	1.678	3.395	3.181	1.088
中介变量	产业结构（Ins）	330	0.839	0.297	0.477	0.470	0.097
	绿色技术创新效率（Ginn）	330	1.000	0.026	0.235	0.114	0.256

新质生产力最大值为0.641，最小值为0.029，方差为0.089。科技金融发展指数对数最大值为0.560，最小值为0.014，方差为0.084。表明我国科技金融发展水平和新质生产力存在一定的省际差异，各组数据的离散度均处于正常范围之内，具有相对稳定性，可以进行下一步回归分析。

四、科技金融和新质生产力发展的时序特征

基于以上指标的选取，测算出2011年和2021年科技金融和新质生产力指数，同时进一步对东、中、西部地区和全国的科技金融和新质生产力指数走势及差异程度进行统计。对统计结果分析可以发现：

如图1所示，从全国层面看，科技金融整体水平逐年上升，科技金融发展指数从0.051上升至0.102，年均增长10.7%，2019年快速上涨，2021年受到国际、国内等外生环境的冲击，科技金融发展指数有所下降，与我国经济总体发展趋势吻合，并高于全国平均经济增长速度（6.6%）。东、中、西部地区间发展差异很大，区域内部差异依然存在，省份间差异

表现出优者愈优的极化发展趋势特征。从区域层面看,2011—2021 年东、中、西部地区科技金融发展指数年均增长率为 4.5%、14.3%、8.1%,东、中、西部之间的差距逐步缩小,2019 年发展指数最为接近,区域协调发展战略在科技金融动态演进趋势中得到体现。

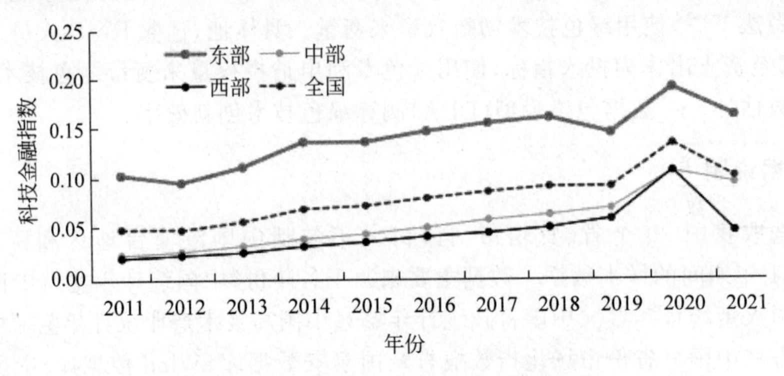

图 1　科技金融发展的时序变化特征

如图 2 所示,从全国层面看,新质生产力整体水平逐年上升,科技金融发展指数从 0.091 上升至 0.198,年均增长 7.2%,2019 年快速上涨,并保持持续增长态势。从区域层面看,东、中、西部地区间发展差异很大,2011—2021 年东、中、西部地区新质生产力发展指数年均增长率分别为 12.1%、9.4%、8.7%,2014 年发展指数最为接近,自此东、中、西部之间的差距逐渐拉大。东部沿海地区是中国经济融入世界经济的重要枢纽,区域内金融机构功能齐备、金融资源丰富、融资渠道畅通、共享数据宽泛,引领科技发展创新的地位愈加凸显。

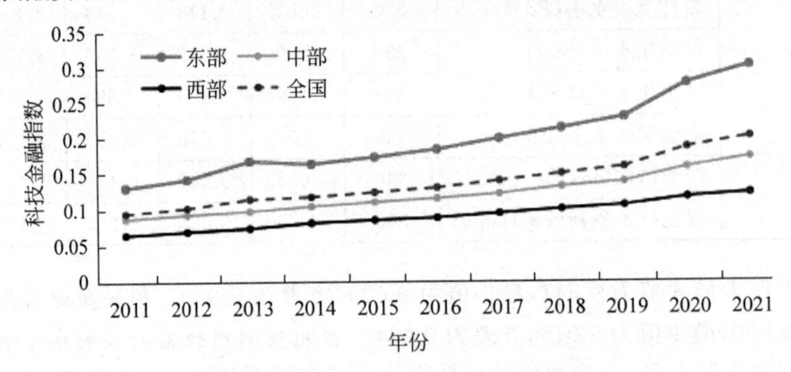

图 2　新质生产力发展的时序变化特征

五、空间效应分析

1. 空间自相关分析

通过测算全局莫兰指数(Moran's I),分别对科技金融与新质生产力发展的空间特征开展分析与检验,全局莫兰指数计算方式如下。

$$I=\frac{n\sum_{i=1}^{n}\sum_{i=1}^{n}W_{ij}(x_i-\bar{x})(x_j-\bar{x})}{\sum_{i=1}^{n}\sum_{i=1}^{n}W_{ij}(x_i-\bar{x})^2}=\frac{\sum_{i=1}^{n}\sum_{i=1}^{n}W_{ij}(x_i-\bar{x})(x_j-\bar{x})}{S^2\sum_{i=1}^{n}\sum_{i=1}^{n}W_{ij}} \tag{11}$$

$$S^2=\frac{1}{n}\sum_{i=1}^{n}(x_i-\bar{x})^2,\ \bar{x}=\frac{1}{n}\sum_{i=1}^{n}x_i \tag{12}$$

采用莫兰指数测算 3 种权重下科技金融和新质生产力的空间相关性，结果见表 4 和表 5。其中，全局莫兰指数在 3 种权重下均通过了显著性检验，且均为正数，说明 2011—2021 年我国 30 省科技金融和新质生产力发展水平均呈现正向空间相关性。

表 4　科技金融莫兰指数

年份	邻接权重矩阵		经济距离权重矩阵		经济地理嵌套矩阵	
	莫兰指数	Z 值	莫兰指数	Z 值	莫兰指数	Z 值
2011	0.096	1.303	0.071	1.159	0.009	0.908
2012	0.190	2.372	0.124	1.839	0.015	1.828
2013	0.190	2.305	0.130	1.864	0.018	1.890
2014	0.117	1.451	0.091	1.328	0.018	1.776
2015	0.196	2.642	0.137	2.139	0.032	2.663
2016	0.204	2.641	0.145	2.182	0.037	2.811
2017	0.120	1.933	0.096	1.768	0.009	1.908
2018	0.083	1.434	0.078	1.490	0.006	1.225
2019	0.081	1.222	0.078	1.314	0.002	1.202
2020	0.165	1.832	0.112	1.500	0.044	2.561
2021	0.252	2.486	0.227	2.534	0.068	3.155

表 5　新质生产力莫兰指数

年份	邻接权重矩阵		经济距离权重矩阵		经济地理嵌套矩阵	
	莫兰指数	Z 值	莫兰指数	Z 值	莫兰指数	Z 值
2011	0.091	1.648	0.153	1.754	0.039	2.170
2012	0.105	1.773	0.166	1.889	0.041	2.251
2013	0.263	3.064	0.276	2.878	0.058	2.719
2014	0.158	2.212	0.198	2.180	0.050	2.517
2015	0.174	2.340	0.209	2.279	0.051	2.538
2016	0.156	2.201	0.197	2.172	0.046	2.387
2017	0.120	1.920	0.164	1.902	0.035	2.096
2018	0.127	1.989	0.171	1.975	0.040	2.286
2019	0.140	2.108	0.181	2.076	0.040	2.286
2020	0.166	2.336	0.197	2.241	0.044	2.424
2021	0.180	2.315	0.206	2.315	0.050	2.582

2011—2021 年我国科技金融发展指数的全局空间自相关分析中，所有年份的全局莫兰指数均为正值，波动范围在 0.009～0.252，表明我国科技金融发展存在明显的空间正相

关性,即发展水平接近的省份在全国范围内呈现集中分布的态势。科技金融在邻接权重矩阵下的空间依赖性最强,莫兰指数值呈波动上升趋势,表明科技金融发展的空间相关性逐渐增强。这说明科技金融在空间上趋于集聚,并且存在“马太效应”,即科技金融水平较高的地区其周边地区科技金融创新水平也比较高。

2011—2021 年我国新质生产力的全局莫兰指数表现为波动上升趋势,波动范围在 0.039～0.276,这表明我国新质生产力发展存在明显的空间正相关性,即生产力水平接近的省份在全国范围内呈现集中分布的态势。新质生产力在经济距离权重矩阵下的空间依赖性最强,在相邻权重矩阵和经济地理嵌套矩阵下均通过了显著性检验,这说明新质生产力在经济空间上趋于集聚,即新质生产力水平较高的地区其经济水平相近的周边地区生产力水平也比较高。

2. 空间杜宾模型结果分析

表 6 列出了基准 OLS 回归模型与空间杜宾模型(SDM)中科技金融赋能新质生产力发展的回归结果。

表 6 回归结果

变量	传统面板估计	邻接权重矩阵	经济距离矩阵	经济地理嵌套矩阵
	(1)	(2)	(3)	(4)
	OLS	SDM	SDM	SDM
Stf	0.417***	0.287***	0.300***	0.292***
	(0.072)	(0.063)	(0.064)	(0.065)
Open	−0.051**	−0.037**	−0.035**	−0.033**
	(0.020)	(0.016)	(0.016)	(0.016)
Edu	−0.005	0.014***	0.013***	0.012**
	(0.005)	(0.004)	(0.005)	(0.005)
Mar	0.015***	0.016***	0.014***	0.014***
	(0.004)	(0.004)	(0.004)	(0.003)
Urb	0.017**	−0.069***	−0.068***	−0.073***
	(0.008)	(0.011)	(0.011)	(0.011)
Fin	0.010	−0.015*	−0.014*	−0.013*
	(0.007)	(0.008)	(0.008)	(0.008)
rho(ρ)		0.132**	0.171	0.012
		(0.030)	(0.178)	(0.176)
W · Stf		0.254**	1.136***	0.589**
		(0.111)	(0.354)	(0.236)
W · Open		0.006	0.141	0.209**
		(0.036)	(0.106)	(0.095)
W · Edu		−0.018**	−0.067**	−0.105***
		(0.009)	(0.029)	(0.029)

续表

变　量	传统面板估计	邻接权重矩阵	经济距离矩阵	经济地理嵌套矩阵
	(1)	(2)	(3)	(4)
	OLS	SDM	SDM	SDM
W · Mar		−0.004	−0.042	−0.016
		(0.006)	(0.026)	(0.023)
W · Urb		0.003	0.007	0.003
		(0.026)	(0.076)	(0.054)
W · Fin		0.012	0.010	0.031
		(0.015)	(0.047)	(0.044)
sigma2_e	0.144***	0.001***	0.062***	0.062***
	(0.041)	(0.001)	(0.004)	(0.005)
Observations	330	330	330	330
R-squared	0.505	0.004	0.004	0.002
Number of id	30	30	30	30

注：各自变量对应行的数值为估计系数，括号内的值为标准误差：*、**和***分别表示在10%、5%和1%的水平下显著。

解释变量的回归结果显示：OLS回归结果如列(1)显示，科技金融回归系数为0.417，在1%水平下显著，表明科技金融发展对新质生产力发展存在显著促进作用。列(2)至列(4)分别列出邻接权重矩阵、经济距离矩阵和经济地理嵌套矩阵的空间杜宾模型(SDM)回归结果，科技金融的影响系数全部为正，分别为0.287、0.300和0.292，且均通过1%显著性检验。科技金融发展存在正向的空间交互作用，邻接权重矩阵、经济距离矩阵和嵌套矩阵与科技金融的交乘项的系数分别为0.254、1.136和0.589，在1%和5%的水平下显著，说明科技金融不仅对本地新质生产力水平提升具有促进效应，而且对邻近省份也具有提升效果，具有较为显著的空间溢出效应，解释变量回归结果验证本文研究假设H1。

3. 空间溢出效应分解

参照Elhorst的研究，用偏微分方法进行效应分解，计算出直接效应、间接效应和总效应[20]。表7列出了3种空间权重下科技金融影响新质生产力的空间溢出效应结果，科技金融的直接效应、间接效应和总效应分别在1%和5%水平下显著为正。表明科技金融不仅具有明显的直接效应，还通过间接效应(空间溢出效应)对新质生产力具有显著的促进作用。观察间接效应和总效应可以发现，科技金融的间接效应在总效应中的占比均高于50%，进一步验证了科技金融的间接效应对我国新质生产力发展的重要贡献。与SDM模型的估计系数相比，OLS模型中的科技金融直接效应更大，在一定程度上说明了OLS估计由于没有考虑空间效应而高估了科技金融的直接效应。

表 7　科技金融影响新质生产力的空间溢出效应估计结果

权重矩阵	空间效应	Stf	Open	Edu	Mar	Urb	Fin
邻接权重矩阵	直接效应	0.297***	−0.038**	0.014***	0.015***	−0.007***	−0.014*
		(0.066)	(0.016)	(0.005)	(0.004)	(0.001)	(0.008)
	间接效应	0.301**	0.012	−0.017*	−0.002	0.002	0.011
		(0.120)	(0.039)	(0.009)	(0.006)	(0.003)	(0.016)
	总效应	0.598***	−0.037	−0.029	0.013*	−0.005	−0.003
		(0.145)	(0.042)	(0.011)	(0.007)	(0.003)	(0.018)
经济距离矩阵	直接效应	0.317***	−0.034**	0.013***	0.013***	−0.007***	−0.014*
		(0.068)	(0.016)	(0.005)	(0.004)	(0.001)	(0.008)
	间接效应	1.460***	0.160	−0.076*	−0.049	0.008	0.010
		(0.544)	(0.134)	(0.039)	(0.035)	(0.010)	(0.059)
	总效应	1.778***	0.125	−0.063	−0.035	0.001	−0.004
		(0.564)	(0.138)	(0.041)	(0.036)	(0.010)	(0.060)
经济地理嵌套矩阵	直接效应	0.295***	−0.034**	0.013***	0.014***	−0.007***	−0.013*
		(0.068)	(0.016)	(0.005)	(0.004)	(0.001)	(0.008)
	间接效应	0.613**	0.211**	−0.105***	−0.016	0.003	0.032*
		(0.285)	(0.104)	(0.034)	(0.024)	(0.006)	(0.047)
	总效应	0.908***	0.177*	−0.092***	−0.002	−0.004	0.019
		(0.302)	(0.107)	(0.035)	(0.024)	(0.006)	(0.046)

注：各自变量对应行的数值为估计系数，括号内的值为标准误差；*、**和***分别表示在 10%、5%和 1% 的显著性水平下显著。

4. 不同区域估计与结果分析

由于我国不同地区的资源禀赋、创新能力、生产力发展程度不同，可能导致区域科技金融对新质生产力的推动作用存在差异。因此，探讨科技金融对新质生产力影响的异质性有助于制定更有针对性的政策和差异化发展策略。本文试图进一步分析在经济地理嵌套矩阵下科技金融促进不同区域新质生产力发展的空间溢出效应的异质性，结果见表 8。可以发现，科技金融对我国新质生产力的影响存在显著的空间异质性，在东、中、西部地区，科技金融对新质生产力都有显著的正向影响，影响程度则是由西到东递减。

科技金融对新质生产力存在差异化影响的原因可能在于以下三方面。

第一，各区域间经济基础存在较大差异。东部地区经济发达，产业结构较为成熟，高附加值和高技术产业相对成熟，科技和金融的融合程度高，科技金融和新质生产力的发展较为充分，科技金融的边际效应相对较低。相对而言，中部和西部地区经济基础相对薄弱，传统产业占比较大，迫切需要通过科技金融来实现产业转型升级，从而提升新质生产力。科技金融在这些地区的边际效应更高，对新质生产力的促进作用也更为显著。

表 8　不同区域科技金融对新质生产力的空间异质性估计结果

变　量	东　部	中　部	西　部
Stf	0.268**	0.343***	0.547***
	(0.110)	(0.053)	(0.078)
Open	−0.047	0.015 *	−0.004
	(0.047)	(0.007)	(0.012)
Edu	0.018	0.005	−0.002
	(0.016)	(0.004)	(0.002)
Mar	0.013	0.006**	0.001
	(0.00926)	(0.00295)	(0.002)
Urb	−0.093	0.001	0.004***
	(0.002)	(0.001)	(0.001)
Fin	−0.034**	0.001	0.014***
	(0.017)	(0.007)	(0.003)
rho(ρ)	−0.741	0.132	−0.327
	(0.199)	(0.180)	(0.268)
W · Stf	0.412	0.978***	2.895***
	(0.268)	(0.300)	(0.413)
W · Open	0.106	0.024	−0.098
	(0.141)	(0.023)	(0.086)
W · Edu	−0.117**	−0.030***	0.001
	(0.051)	(0.010)	(0.008)
W · Mar	−0.00766	0.0225***	−0.0157
	(0.031)	(0.007)	(0.009)
W · Urb	0.031***	0.011***	0.021***
	(0.009)	(0.003)	(0.006)
W · Fin	0.064	0.031	0.029*
	(0.066)	(0.029)	(0.016)
sigma2_e	0.008***	0.003***	0.004***
	(0.001)	(0.005)	(0.004)
Observations	121	88	121
R-squared	0.010	0.350	0.295
Number of id	11	8	11

注：各自变量对应行的数值为估计系数，括号内的值为标准误差：*、**和***分别表示在 10%、5%和 1% 的显著性水平下显著。

第二，资源禀赋差异。西部地区拥有丰富的自然资源，如矿产、能源和土地资源，但相对落后的产业结构和技术水平制约了这些资源的有效利用。科技金融的介入可以通过资金支持和技术引进，推动资源的高效开发和利用，有效培养新质生产力，有机会实现弯道超车[21]。例如，科技金融支持下的清洁能源项目和绿色矿业技术，可以显著提高资源利用效率和环境保护水平，进而提升西部地区新质生产力水平。

第三，政策导向差异。近年来，国家和地方政府对中西部地区的政策支持力度较大，尤其是在促进科技创新和产业升级方面，出台了多项优惠政策和扶持措施。提出要根据不同行业的特性和发展阶段，发挥各区域的比较优势，差异化承接产业转移，引导劳动密集型产业、技术密集型产业、高载能行业和生产性服务业分别向满足其发展条件的中西部地区转移。同时，探索科技成果跨区域转移合作模式，鼓励东部地区科技创新成果在中西部地区孵化。这一系列政府干预为科技金融的发展提供了有利的政策环境和保障，有效提升了科技金融对新质生产力的促进作用。

5. 稳健性检验

空间计量模型的选择并不是唯一的，接下来使用空间滞后模型(SAR)和空间误差模型(SEM)来替换基准模型(SDM)，以考查实证结果是否稳健。如表 9 所示，相对于基准模型，SAR 和 SEM 模型的回归结果总体上变化不大，均在 1%和 5%的水平下通过了显著性检验，即多模型回归结果的系数、符号和显著性基本一致，原有回归结果是可靠的，研究假设 H1 再次得到了验证。

表 9　稳健性检验

变　量	邻接权重矩阵		经济距离矩阵		经济地理嵌套矩阵	
	SAR	SEM	SAR	SEM	SAR	SEM
Stf	0.309***	0.392**	0.310***	0.377***	0.314***	0.405**
	(0.063)	(0.167)	(0.064)	(0.146)	(0.063)	(0.162)
Open	−0.028*	−0.049	−0.031*	−0.040	−0.030*	−0.036
	(0.017)	(0.039)	(0.017)	(0.036)	(0.017)	(0.037)
Edu	0.010**	−0.001	0.009**	0.001	0.009**	0.001
	(0.004)	(0.007)	(0.004)	(0.007)	(0.004)	(0.007)
Mar	0.014***	0.024***	0.013***	0.020***	0.013***	0.022***
	(0.003)	(0.007)	(0.003)	(0.007)	(0.003)	(0.008)
Urb	−0.006***	−0.001	−0.006***	−0.002*	−0.006***	−0.001
	(0.001)	(0.009)	(0.001)	(0.009)	(0.001)	(0.010)
Fin	−0.002***	0.001	−0.002***	−0.001	−0.002**	0.001
	(0.001)	(0.001)	(0.007)	(0.007)	(0.001)	(0.008)
rho(ρ)	0.115**		0.0874		0.0631	
	(0.049)		(0.162)		(0.111)	
sigma2_e	0.007***	0.010**	0.007***	0.008**	0.007***	0.009**
	(0.005)	(0.004)	(0.005)	(0.003)	(0.005)	(0.004)

续表

变　量	邻接权重矩阵		经济距离矩阵		经济地理嵌套矩阵	
	SAR	SEM	SAR	SEM	SAR	SEM
Observations	330	330	330	330	330	330
R-squared	0.052	0.635	0.068	0.659	0.063	0.648
Number of id	30	30	30	30	30	30

注：各自变量对应行的数值为估计系数，括号内的值为标准误差：*、**和***分别表示在10%、5%和1%的显著性水平下显著。

6. GMM估计与内生性检验

本文进一步使用广义矩估计(GMM)来进行稳健性检验。如表10列(1)所示，AR(2)的 P 值与Sargan统计量的 P 值均大于0.1，表明接受“扰动性无自相关的”与“所有工具变量都有效”的原假设，即模型与工具变量合理有效。新质生产力滞后项系数显著为正，说明新质生产力的提升具有连续性与黏性，回归结果中各项主要变量的回归系数、符号和显著性与表6的基准结果基本一致，说明回归结果具有稳健性。

考虑到科技金融与新质生产力可能存在反向因果关系而导致的内生性问题，为避免内生性引起的估计偏误，本文通过选择合适的工具变量来克服内生性问题，采用科技金融滞后一期作为工具变量进行两阶段最小二乘法(2SLS)估计。如列(2)和列(3)所示，LM统计值为340.8，在1%水平下显著，拒绝原假设，代表工具变量是可识别的，通过有效性检验。F 值统计量为613.87，明显大于10，故拒绝弱工具变量假设，表明2SLS估计结果是有效的。在克服变量内生性后，科技金融对新质生产力依然存在着正向促进作用，表明采用工具变量法来克服内生性是合理的，也说明研究结果是稳健的。

表10　GMM和2SLS检验结果

变　量	GMM	2SLS	
	(1)	(2)	(3)
	Npd	Stf	Npd
Npd_{-1}	0.819***	0.847***	
	(0.053)	(0.035)	
Stf	0.270***		0.717***
	(0.013)		(0.071)
AR(2)/P 值	0.570/0.666		
Sargan/P 值	195.810/0.888		
LM statistic			340.8***
Wald F			613.87
Prob>F			0.000
Ind, Year			Yes

续表

变　量	GMM	2SLS	
	(1)	(2)	(3)
	Npd	Stf	Npd
控制变量	Yes	Yes	Yes
Observations	330	300	300
Number of id	30	30	30

六、科技金融对新质生产力的中介机制检验

通过前文的实证分析表明科技金融显著提升新质生产力水平，那么科技金融是通过何种渠道提升新质生产力水平尚未可知。本文在前文机理分析中提出2个研究假设：产业结构升级是科技金融影响新质生产力的重要渠道；绿色技术创新效率是科技金融影响新质生产力的重要渠道。为验证研究假设，借鉴温忠麟的做法构建中介效应模型[22]，采用逐步回归法进行如下检验：第一步，检验科技金融对新质生产力的影响；第二步，分别检验科技金融对产业结构转型升级和绿色技术创新效率的影响，来说明中介变量效应的存在；第三步，在模型中依次加入中介变量，以检验作用机制的有效性，本文设定的中介效应模型设置如下所示。

$$Y = \alpha_0 + \alpha_1 \mathrm{Stf} + \alpha_j X_{it} + \nu_t + \mu_i + \varepsilon_{it} \tag{13}$$

$$\mathrm{med}_{it} = \beta_0 + \beta_1 \mathrm{Stf} + \beta_j X_{it} + \nu_t + \mu_i + \varepsilon_{it} \tag{14}$$

$$Y = \gamma_0 + \gamma_1 \mathrm{Stf} + \gamma_2 \mathrm{med}_{it} + \gamma_j X_{it} + \nu_t + \mu_i + \varepsilon_{it} \tag{15}$$

公式(14)中，med_{it}为中介变量，即产业结构和绿色技术创新效率。

产业结构的中介效应检验结果(见表11)表明：产业结构是科技金融影响新质生产力水平的重要路径，承担部分中介作用，验证研究假设H2。表11中列(1)为不考虑中介效应情况下科技金融对新质生产力的影响。列(2)和列(3)表明产业结构作为中介变量条件下，科技金融对新质生产力的影响。列(2)显示科技金融对产业结构的影响系数为11.272，在5%水平下显著，表明科技金融投入有效促进产业结构转型升级。从列(3)可以看出，科技金融和产业结构的回归系数均显著为正，表明产业结构升级对新质生产力产生了部分中介效应。

绿色技术创新效率的中介效应检验结果表明：提升绿色技术创新效率是科技金融影响新质生产力水平的重要路径，承担部分中介作用，验证研究假设H3。列(4)和列(5)表明绿色创新作为中介变量条件下，科技金融对新质生产力的影响。列(4)显示科技金融对产业结构的影响系数为1.328，在1%水平下显著，表明科技金融投入有效促进绿色创新效率的提升。从列(5)可以看出，科技金融和绿色创新效率的回归系数均显著为正，表明绿色创新效率的提升对新质生产力发展产生了部分中介效应。

表11 中介效应检验

变 量	产业结构的检验			绿色技术创新的检验	
	(1)	(2)	(3)	(4)	(5)
	Npd	Ins	Npd	Ginn	Npd
Stf	0.417***	11.272**	0.408***	1.328***	0.224***
	(0.072)	(6.393)	(0.073)	(0.316)	(0.062)
Ins			0.008*		
			(0.007)		
Ginn					0.080***
					(0.125)
Constant	−0.144***	−19.80***	−0.128***	−2.831	−0.119***
	(0.0408)	(3.599)	(0.0428)	(2.579)	(0.0338)
Year，Ind	yes	yes	yes	yes	yes
Control	yes	yes	yes	yes	yes
Observations	330	330	330	330	330
Number of id	30	30	30	30	30
R-squared	0.505	0.764	0.508	0.273	0.662

注：各自变量对应行的数值为估计系数，括号内的值为标准误差：*、**和***分别表示在10%、5%和1%的显著性水平下显著。

七、结论与建议

1. 结论

本文利用我国2011—2021年各省(市、自治区)面板数据，测算科技金融和新质生产力发展指数，描述和刻画二者的时序动态演进趋势。基于影响机理和作用路径的分析梳理，提出研究假设，利用空间计量模型实证检验科技金融对新质生产力的影响。通过总效应分解和中介效应分析，厘清直接效应和间接效应，验证科技金融赋能新质生产力发展的实现路径，通过异质性分析进一步强化变量的因果关系并得出更有意义的结论。主要的研究发现和结论如下。

(1) 2011—2021年，我国科技金融和新质生产力发展水平呈现出波动上升趋势，存在明显的空间异质性和非均衡性，表现为“东高西低”的空间格局。

(2) 科技金融对新质生产力发展具有显著的正向作用，且该结论经过内生性与稳健性检验后依然成立，科技金融能够为新质生产力发展赋能，且在经济距离权重下对其周边区域新质生产力发展产生了最大的正向空间溢出效应，验证假设H1。

(3) 从区域异质性来看，科技金融对东、中、西部新质生产力均能产生正向影响，作用效果则是“西强东弱”，东、中、西部地区依次递增。

(4) 中介机制检验表明：产业结构转型升级和绿色技术创新效率是科技金融影响新质生产力提升的两条重要渠道，验证假设H2、H3。

2. 建议

(1) 持续完善科技金融服务体系,以全局性、长效性机制安排强化科技金融供给主体建设。

科技金融体系建设必须嵌入区域经济创新发展的全局之中,立足于长效性机制安排,打造由政府、银行、多层次资本市场、非银行金融机构及中介服务机构等构成的多维立体综合服务体系,形成各主体风险共担、利益共享、合作共赢的科技金融生态。以差异化、多元化的融资路径和多样化的金融产品,覆盖新质生产力的各个组成部分,推动金融供给结构与融资需求的动态匹配。发挥科技金融"政策性禀赋",强化政策工具和财政支持的撬动作用,斟酌使用科技创新创业专项基金、风险投资引导基金、贷款贴息、政策性担保及科技创新券等政策工具,强化政策性金融资源供给,提高科技金融普惠性,不断提高资本市场服务新质生产力的能级。聚焦战略性新兴产业和未来产业的中长期创新融资需求特征,持续完善科技型企业上市融资、债券发行、并购重组的"绿色通道"以及多层级资本市场的衔接机制。

(2) 助力科技与金融深度融合,强化科技金融空间集聚的规模经济和技术溢出效应,打造良性产业结构和技术创新高地。

丰富科技金融服务载体,吸引金融机构和高技术企业集聚。积极围绕高技术产业集群和创新产业链发展,鼓励传统产业进行技术改造和升级,促进产业结构由低附加值向高附加值转变。政策应重点支持高新技术产业和战略性新兴产业的发展,借助技术、资本和人才集聚优势,提供标准化与个性化相结合的科技金融产品与服务,推动产业集聚的规模经济效应最大化。鼓励金融机构和企业开展跨区域合作,利用数字金融工具和平台,打破地理距离和行业壁垒,强化产业集聚辐射扩散和溢出效应,推动"科技—产业—金融"的三链协同和良性循环。推动金融机构与企业、高校、科研机构的合作,搭建技术成果转化和产业化的平台,加快知识技术的传播与共享,加速技术创新成果的商业化应用,提升产业竞争力。

(3) 探索制定针对性、差异化的科技金融水平提升方案,做到因地制宜、动态优化。充分关注科技金融创新驱动效应的异质性特征,在制定和实施科技金融政策的过程中,要避免"一刀切"和"简单模仿"。

具体来看,东部的上海、北京、江苏、广东等省区需注重培育具有国际竞争力的特色产业集群,重点提高原始创新和集成创新能力。高标准建设科创金融服务中心,金融商务区和科创金融联盟等功能区,积极营造开放的科技金融生态,吸引跨境投资,提升科技金融市场开放水平;中部的安徽、湖南、湖北等领先发展地区,需完善政策支持框架,加强中介服务机构建设,如科技—金融融合智库和生产力促进中心等,进一步深化科技与金融的结合。西部地区应重点关注政策性科技金融的发展,助推成渝城市群和西部金融中心建设,推动"险资入川"和开发性科技金融工具支持项目落地。从区域协调发展来说,发挥东部地区的引领示范作用,以金融资源的"东扩、西进、北拓",发挥对中部与西部地区积极的辐射带动作用,推动区域间协调发展,放大空间扩散和溢出效应。

(4) 强化科技金融的绿色创新导向,支持新质生产力良性发展。

首先，政府应强化绿色金融政策引导，建立健全绿色金融体系。制定和实施绿色金融发展规划，政府与金融机构联合设立专项基金，在绿色信贷支持政策的支持下，推动金融资源向绿色领域倾斜，降低绿色技术企业的融资成本，激励企业专注于绿色技术创新研发，服务于绿色产业项目及清洁能源和环保项目。其次，建立绿色技术评估和认证体系，提升绿色金融的专业化水平。政府应牵头制定绿色技术评估标准和认证体系，为金融机构提供科学、客观的评估依据。通过建立权威的绿色技术评估和认证体系，确保资金流向真正具有环保效益的项目，降低金融机构的决策风险，提高资金配置效率。同时，建立绿色金融信息披露机制，提升信息透明度，完善绿色金融风险防控机制，增强金融机构和投资者对绿色项目的信心，促进绿色金融市场的健康发展，为实现经济、社会和环境的可持续发展提供有力支撑。

参考文献

[1] 林毅夫. 金融创新如何推动高质量发展：新结构经济学的视角[J]. 新金融评论，2019(4)：34-45.

[2] ROMER P M. Endogenous Technological Change[J]. Journal of Political Economy, 1990, 98(5): S71-S102.

[3] 邹建国. 科技金融对产业结构升级的影响——基于中介效应与门槛效应的检验[J]. 湖南科技大学学报(社会科学版)，2023，26(4)：89-97.

[4] 俞立平. 金融支持、政府与企业投入对科技创新的贡献研究[J]. 科研管理，2015，36(3)：57-63.

[5] 蔡竞，董艳. 银行业竞争与企业创新——来自中国工业企业的经验证据[J]. 金融研究，2016(11)：96-111.

[6] 张杰，郑文平，新夫. 中国的银行管制放松、结构性竞争和企业创新[J].中国工业经济，2017(10)：118-136.

[7] 杜心宇，姚海鑫，张晓旭. 资本市场开放改善了企业的并购环境吗？——基于“陆港通”的实证研究[J]. 云南财经大学学报，2022，38(11)：42-58.

[8] 王珏，王荣基. 新质生产力：指标构建与时空演进[J]. 西安财经大学学报，2024，37(1)：31-47.

[9] 孙丽伟，郭俊华. 新质生产力评价指标体系构建与实证测度[J]. 统计与决策，2024，40(9)：5-11.

[10] 卢江，郭子昂，王煜萍. 新质生产力发展水平、区域差异与提升路径[J/OL].重庆大学学报(社会科学版)，2024：1-16.

[11] 张玉喜，赵丽丽. 中国科技金融投入对科技创新的作用效果——基于静态和动态面板数据模型的实证研究[J]. 科学研究，2015，33(2)：177-184.

[12] 张明喜，魏世杰，朱欣乐. 科技金融：从概念到理论体系构建[J]. 中国软科学，2018(4)：31-42.

[13] 徐玉莲，赵文洋，张涛. 科技金融成熟度评价指标体系构建与应用[J]. 科技进步与对策，2017，34(11)：118-124.

[14] 王小鲁，樊纲，胡李鹏. 中国分省份市场化指数报告[M]. 北京：社会科学文献出版社，2019.

[15] 余明桂，马林，王空. 商业银行数字化转型与劳动力需求：创造还是破坏？[J]. 管理世界，2022，38(10)：212-230.

[16] 汪淑娟，谷慎. 科技金融对中国经济高质量发展的影响研究——理论分析与实证检验[J]. 经济学家，2021(2)：81-91.

[17] 方磊，张雪薇. 科技金融生态对区域经济韧性的空间效应及影响机制[J]. 中国软科学，2023(6)：117-128.

[18] 韩先锋,宋文飞,李勃昕. 互联网能成为中国区域创新效率提升的新动能吗[J]. 中国工业经济,2019(7):119-136.
[19] 周伯乐,王小腾. 科技金融对绿色技术创新影响的异质门槛效应[J]. 软科学,2023,37(2):59-64.
[20] ELHORST J P. Matlab Software for Spatial Panels[J]. International Regional Science Review,2014,37(3):389-405.
[21] 韩文龙,张瑞生,赵峰. 新质生产力水平测算与中国经济增长新动能[J/OL].数量经济技术经济研究,2024:1-22.
[22] 温忠麟,方杰,谢晋艳,等. 国内中介效应的方法学研究[J]. 心理科学进展,2022,30(8):1692-1702.

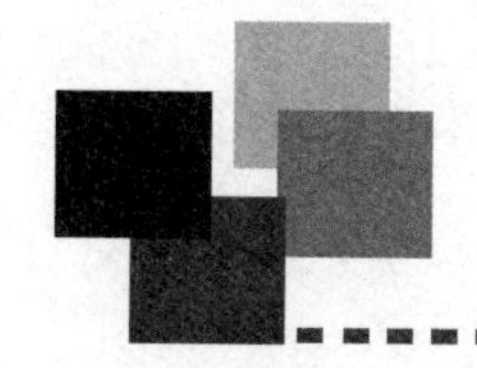

宏观经济学课程教学纲要

一、课程概述

（一）课程的性质

宏观经济学是高等院校经济管理类专业开设的一门学科基础课，是教育部确定的“经济学类专业核心课程”之一。宏观经济学以整个国民经济为研究对象，它主要研究国民收入核算问题、国民收入决定问题、失业问题、通货膨胀问题、经济增长问题、经济周期问题及宏观经济政策问题等。

（二）课程目的

宏观经济学的内容一般包括国民收入的核算、简单国民收入的决定、产品市场和货币市场的一般均衡、总需求和总供给模型、宏观经济政策实践、失业理论、通货膨胀理论、经济增长理论、经济周期理论等。宏观经济学通过对以上问题的探讨和研究，为分析总体宏观经济行为和政府调控经济提供解释和指导，为学生将来的经济管理实践和进一步研究打下基础。

（三）本课程与其他课程的联系

本课程是经济管理类相关专业的基础性课程，其前向课程主要是微观经济学，其后续课程包括国际经济学、公共经济学、国际金融等。同时，学生还应该具备一定的经济数学知识。

二、课程考核方式与要求

本课程以知识和实践考核并重，知识部分重点在基本理论、概念、方法的掌握和理解，教学目的与要求中要求掌握和熟练掌握的内容均属教学重点，实践部分强调社会调查与研究、论文写作、学术报告等。

本课程的考核方式以闭卷笔试为主，期末考核评定成绩一般采取百分制。

三、课程教学的基本内容与要求

第一章　国民收入核算理论

内容提要：

本章作为开篇，目的是让学生了解国民收入的核算体系，并对宏观经济结构以及国民收入的循环有一个基本的了解，特别是通过介绍GDP等国民收入核算体系中的几个重要变量，为以后的学习奠定一定的基础。

学习目标与重点：

- 重点掌握GDP的概念。
- 掌握收入法、支出法和生产法三种核算方法。
- 掌握宏观经济几个基本总量的关系。
- 了解两部门、三部门和四部门国民收入的恒等式。

教学内容：

第一节　国内生产总值

一、国内生产总值的含义

二、国内生产总值的特点

第二节　国内生产总值的核算方法

一、生产法

二、收入法

三、支出法

第三节　国民收入核算中的其他总量

一、国民生产总值

二、国内生产净值

三、国民收入

四、个人收入

五、个人可支配收入

第四节　名义GDP和实际GDP

一、名义GDP

二、实际GDP

三、GDP折算指数

第五节　国民收入的基本公式

一、两部门经济的恒等式

二、三部门经济的恒等式

三、四部门经济的恒等式

第二章　简单国民收入决定理论

内容提要：

第一章讨论了国民收入如何核算，从这一章起讨论国民收入如何决定，即经济社会的生产或收入水平是怎样决定的，在此仅讨论产品市场的决定，即简单的国民收入决定理论。

学习目标与重点：

- 了解均衡产出和潜在产出。

◆ 掌握凯恩斯消费函数的形式，了解几个其他关于消费函数的理论。
◆ 掌握边际消费倾向与平均消费倾向、边际储蓄倾向与平均储蓄倾向的含义。
◆ 掌握两部门、三部门(定量税和比例税)国民收入决定的公式、各种乘数的含义及计算方法。
◆ 了解四部门国民收入决定的公式、各种乘数的含义及计算方法。

教学内容：

第一节　均衡产出
　　一、均衡产出的概念
　　二、均衡产出的决定
第二节　凯恩斯的消费理论
　　一、消费函数与消费倾向
　　二、储蓄函数与储蓄倾向
　　三、消费函数与储蓄函数的关系影响
第三节　其他消费理论
　　一、相对收入消费理论
　　二、生命周期消费理论
　　三、永久收入消费理论
　　四、影响消费的其他因素
第四节　国民收入的决定及乘数
　　一、两部门经济的收入决定及乘数
　　二、三部门经济的收入决定及乘数
　　三、四部门经济的收入决定及乘数

第三章　产品市场与货币市场的一般均衡

内容提要：

本章学习产品市场和货币市场一般均衡的IS-LM模型。这一模型是英国学者希克斯根据《通论》发展而来的。一直到现在，IS-LM模型被大多数经济学家们认为是宏观经济学的最核心的理论。

学习目标与重点：

◆ 掌握投资函数。
◆ 掌握IS曲线的含义、斜率及移动。
◆ 了解IS曲线的推导方法。
◆ 了解货币的需求的三个动机和货币的供给。
◆ 了解流动性偏好陷阱和货币需求函数。
◆ 掌握LM曲线的含义、斜率及移动。
◆ 了解LM曲线的推导方法。
◆ 掌握IS-LM模型及均衡的利率和收入。

教学内容：

第一节 投资的决定

一、实际利率和投资

二、资本边际效率曲线

三、投资边际效率曲线

四、预期收益与投资

五、托宾的“q”说

第二节 IS曲线：产品市场均衡

一、IS曲线的推导

二、IS曲线的含义

三、IS曲线的斜率

第三节 LM曲线：货币市场均衡

一、货币需求

二、LM曲线的推导

三、LM曲线的含义

四、LM曲线的斜率

第四节 IS-LM模型：两个市场同时均衡

一、两个市场同时均衡的利率和收入

二、均衡利率和收入的变动

第四章 总需求—总供给模型

内容提要：

本章将取消价格水平固定不变的假定，着重说明产量和价格水平的关系。总需求曲线和总供给曲线是宏观经济学重要的分析工具，也是理解宏观经济学中一些重大问题的基础。

学习目标与重点：

- 了解总需求的含义。
- 了解总需求曲线的推导。
- 掌握总需求曲线的斜率。
- 了解供给曲线的含义。
- 掌握总供给曲线的形状与说明。
- 掌握总需求和总供给曲线的移动。
- 掌握总需求、总供给曲线，分析均衡收入、价格总水平的影响因素。

教学内容：

第一节 总需求曲线

一、总需求函数

二、总需求曲线

三、总需求曲线的斜率

第二节　总供给曲线

一、短期与长期宏观生产函数

二、劳动市场

三、古典总供给曲线

四、凯恩斯总供给曲线

五、常规总供给曲线

第三节　总需求与总供给均衡

一、总需求—总供给模型

二、总需求—总供给模型对外来冲击的反应

第五章　失业与通货膨胀理论

内容提要：

从现实来看，总需求和总供给由于经常受到外界的干扰而经常处于失业和通货膨胀的痛苦和损害中。本章对这方面研究的成果加以概略的说明。

学习目标与重点：

◆ 掌握失业的含义、分类。

◆ 掌握失业的影响和奥肯定律。

◆ 掌握通货膨胀的定义、类型及衡量方法。

◆ 了解通货膨胀对经济的影响。

◆ 掌握通货膨胀的原因。

◆ 了解治理失业和通货膨胀的政策措施。

◆ 掌握菲利普斯曲线说明通货膨胀和失业之间的关系。

教学内容：

第一节　失业

一、失业的定义及衡量

二、失业的分类

三、失业的原因解释

四、失业的影响和奥肯定律

第二节　通货膨胀

一、通货膨胀的定义

二、通货膨胀的衡量

三、通货膨胀的原因

四、通货膨胀的效应

第三节　菲利普斯曲线

一、菲利普斯曲线的提出

二、菲利普斯曲线的政策含义

三、长期菲利普斯曲线

第六章　经济增长与经济周期理论

内容提要：

本章以前所讲述的内容属于短期宏观经济分析的范围，本章的内容则为长期宏观经济分析的范围。经济增长理论主要分析的是国民收入的长期增长趋势问题，经济周期理论主要分析的是实际国民收入围绕长期趋势而出现周期性波动的问题。

学习目标与重点：

- 了解经济增长和经济发展的区别。
- 掌握经济增长的决定因素。
- 掌握新古典经济增长模型。
- 了解内生增长理论、促进经济增长的政策。
- 掌握经济周期的内涵。

教学内容：

第一节　经济增长概述

一、经济增长的含义

二、经济增长的重要性

三、经济增长的一些事实

四、经济增长的研究视角

第二节　哈罗德—多马模型

一、基本模型

二、模型的缺陷

第三节　经济增长的核算

一、经济增长的决定因素

二、增长核算方程

三、经济增长因素分析

第四节　新古典增长模型

一、基本假定

二、基本方程

三、稳定状态分析

四、新古典增长模型的运用

第五节　内生增长模型

一、基本模型

二、两部门模型

第六节　促进经济增长的政策

一、鼓励技术进步

二、鼓励资本形成

三、增加劳动供给

第七节　经济周期

一、经济周期的定义

二、经济周期的类型

三、早期经济周期理论

四、乘数—加速数模型

五、实际经济周期理论

第七章　宏观经济政策实践

内容提要：

前面重点介绍了宏观经济理论，本章重点介绍宏观经济政策。两者是一个不可分割、相互依赖的有机整体。宏观经济理论是宏观经济政策的基础、前提和依据，宏观经济政策则是对宏观经济理论的应用。

学习目标与重点：

◆ 了解宏观经济政策目标。

◆ 掌握财政政策的含义、分类、效果。

◆ 了解挤出效应和凯恩斯主义极端情况。

◆ 掌握货币政策的含义、分类。

◆ 掌握货币政策的主要措施。

◆ 掌握各种宏观经济政策对均衡收入和均衡利率的影响。

教学内容：

第一节　宏观经济政策目的

一、政策目标体系

二、政策目标选择

第二节　财政政策

一、财政政策的工具

二、自动稳定器

三、相机抉择的财政政策

四、财政政策的调控效应

第三节　货币政策

一、货币政策的工具

二、基础货币与货币创造

三、货币政策的调控效应

四、财政政策与货币政策的运用

第四节　供给管理政策

一、人力政策

二、收入控制制度

三、收入指数化政策

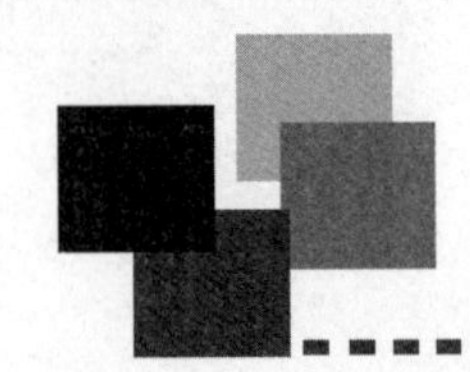

历届诺贝尔经济学奖得主及其主要贡献(1969—2023年)

1969年　拉格纳·弗里希(Ragnar Frisch)和简·丁伯根(Jan Tinbergen)　他们发展了动态模型来分析经济进程。前者是经济计量学的奠基人,后者是经济计量学模式建造者之父。

1970年　保罗·安·萨默尔森(Paul A. Samuelson)　他发展了数理和动态经济理论,将经济科学提高到新的水平。他的研究涉及经济学的全部领域。

1971年　西蒙·库兹涅茨(Simon Kuznets)　在研究人口发展趋势及人口结构对经济增长和收入分配关系方面作出了巨大贡献。

1972年　约翰·希克斯(John R. Hicks)和肯尼斯·约瑟夫·阿罗(Kenneth J. Arrow)　在一般均衡理论和福利经济学方面做了"开创性的工作"。

1973年　华西里·列昂惕夫(Wassily Leontief)　发展了投入产出方法,该方法在许多重要的经济问题中得到运用。

1974年　弗·冯·哈耶克(Friedrich August Von Hayek)和纲纳·缪尔达尔(Gunnar Myrdal)　他们深入研究了货币理论和经济波动,并深入分析了经济、社会和制度现象的互相依赖。

1975年　列奥尼德·康托罗维奇(Leonid Vitaliyevich Kantorovich)和佳林·库普曼斯(Tjalling C. Koopmans)　前者在1939年创立了享誉全球的线形规划要点,后者将数理统计学成功运用于经济计量学。他们对资源最优分配理论作出了贡献。

1976年　米尔顿·弗里德曼(Milton Friedman)　创立了货币主义理论,提出了永久性收入假说,在消费理论、货币历史和理论以及对经济稳定政策的研究方面作出了突出的贡献。

1977年　戈特哈德·贝蒂·俄林(Bertil Gotthard Ohlin)和詹姆斯·爱德华·米德(James E. Meade)　对国际贸易理论和国际资本流动做了开创性研究。

1978年　赫伯特·亚·西蒙(Herbert A. Simon)　对于经济组织内的决策程序进行了研究,这一有关决策程序的基本理论被公认为关于公司企业实际决策的开创性见解。

1979年　威廉·阿瑟·刘易斯(William Arthur Lewis)和西奥多·舒尔茨(Theodore W. Schultz)　在经济发展方面作出了开创性研究,深入研究了发展中国家在发展经济中应特别考虑的问题。

1980年　劳伦斯·罗·克莱因(Lawrence R. Klein)　以经济学说为基础,根据现实经济中实有数据所作的经验性估计,建立起经济体制的数学模型。

1981年 詹姆士·托宾(James Tobin) 阐述和发展了凯恩斯的系列理论及财政与货币政策的宏观模型。在金融市场及相关的支出决定、就业、产品和价格等方面的分析作出了重要贡献。

1982年 乔治·斯蒂格勒(George J. Stigler) 在市场运行的方式、产业结构和组织、经济立法和管制的作用与影响方面,作出了创造性重大贡献。

1983年 杰拉德·德布鲁(Gerard Debreu) "1959年发表的《价值理论》,由于其普遍的适用性和优美的分析方法,已经成为经典。"他概括了帕累托最优理论,创立了相关商品的经济与社会均衡的存在定理。

1984年 约翰·理查德·尼古拉斯·斯通(Jhon Richard Nicolas Stone) 国民经济统计之父,在国民账户体系的发展中作出了奠基性贡献,极大地改进了经济实践分析的基础。他所提出的国民收入核算体系(SNA)已经成为举世公认的国民核算标准化体系,为联合国和世界绝大多数国家所采用。

1985年 弗兰科·莫迪利安尼(Franco Modigliani) 第一个提出储蓄的生命周期假设。这一假设在研究家庭和企业储蓄中得到了广泛应用。

1986年 詹姆斯·布坎南(James M. Buchanan) 创立了"公共选择理论",将微观经济学分析市场运行的基本工具运用于政治决策的分析,使经济分析扩大和应用到社会—政治法规的选择。

1987年 罗伯特·索洛(Robert M. Solow) 对经济学的最大贡献在经济增长理论方面,他提出长期的经济增长主要依靠技术进步,而不是依靠资本和劳动力的投入,他创立的新古典增长理论,不仅对增长理论而且对整个经济学的发展产生了重要影响。

1988年 莫里斯·阿莱斯(Maurice Allais) 他在市场理论及资源有效利用方面作出了开创性贡献。对一般均衡理论重新作了系统阐述。

1989年 特里夫·哈维默(Trygve Haavelmo) 建立了现代经济计量学的基础性指导原则。

1990年 默顿·米勒(Merton M. Miller)和哈里·马科维茨(Harry M. Markowitz)威廉·夏普(William F. Sharpe) 他们在金融经济学方面作出了开创性工作。

1991年 罗纳德·科斯(Ronald H. Coase) 获奖的理由在于他的两篇论文,一篇是20世纪30年代发表的《企业的性质》,另一篇是在相隔20多年之后的60年代发表的《社会成本问题》。在这两篇论文中,他发现并澄清了交易成本和产权对制度结构和机制的重要性,从而对理解社会经济的运行作出了突破性的贡献。

1992年 加里·贝克尔(Gary S. Becker) 他的贡献是"将微观经济分析扩大到对非市场领域人类行为的分析",特别是"扩大到其他社会科学如社会学、人类学和犯罪研究的人类行为方面。"

1993年 道格拉斯·诺斯(Douglass C. North)和罗伯特·福格尔(Robert W. Fogel) 前者建立了包括产权理论、国家理论和意识形态理论在内的"制度变迁理论",后者用经济史的新理论及数理工具重新诠释了过去的经济发展过程。

1994年 约翰·纳什(John F. Nash)、约翰·海萨尼(John C. Harsanyi)和莱因哈德·泽

尔腾(Reinhard Selten) 这三位数学家在非合作博弈的均衡分析理论方面作出了开创性的贡献,对博弈论和经济学产生了重大影响。

1995 年 罗伯特·卢卡斯(Robert Lucas) 他发展和应用了理性预期假说,并由此改变了宏观经济分析,深化了人们对经济政策的理解,并对经济周期理论提出了独到的见解。

1996 年 詹姆斯·莫里斯(James A. Mirrlees)和威廉·维克瑞(William Vickrey) 前者在信息经济学理论领域作出了重大贡献,尤其是不对称信息条件下的经济激励理论。后者在信息经济学、激励理论、博弈论等方面都作出了重大贡献。

1997 年 罗伯特·默顿(Robert C. Merton)和迈伦·斯科尔斯(Myron S. Scholes) 前者对布莱克—斯科尔斯公式所依赖的假设条件做了进一步减弱,在许多方面对其做了推广。后者给出了著名的布莱克—斯科尔斯期权定价公式,该法则已成为金融机构涉及金融新产品的思想方法。

1998 年 阿马蒂亚·森(Amartya Sen) 对福利经济学几个重大问题作出了贡献,包括社会选择理论、对福利和贫穷标准的定义、对匮乏的研究等。

1999 年 罗伯特·蒙代尔(Robert A. Mundell) 对不同汇率体制下的货币与财政政策的分析以及对最佳货币区域的分析使他获得这一殊荣。

2000 年 詹姆斯·赫克曼(James J. Heckman)和丹尼尔·麦克法登(Daniel L. McFadden) 在微观计量经济学领域作出了重要贡献。詹姆斯·赫克曼对分析选择性抽样的原理和方法作出了发展和贡献,丹尼尔·麦克法登对分析离散选择的原理和方法作出发展和贡献。

2001 年 乔治·阿克洛夫(George A. Akerlof)、迈克尔·斯彭思(Michael Spence)和约瑟夫·斯蒂格利茨(Joseph Stigliz) 他们在"对充满不对称信息市场进行分析"领域作出了重要贡献。

2002 年 丹尼尔·卡恩曼(Daniel Kahneman)和弗农·史密斯(Vernon L. Smith) 前者因为"将源于心理学的综合洞察力应用于经济学的研究,尤其是在不确定情况下的人为判断和决策方面作出了突出贡献"。后者因为"为实验经济学奠定了基础,他发展了一整套实验研究方法,并设定了经济学研究实验的可靠标准"。

2003 年 罗伯特·恩格尔(Robert F. Engle)和克莱夫·格兰杰(Clive W. J. Granger) 他们发明了处理许多经济时间序列两个关键特性的统计方法:时间变化的变更率和非平稳性。

2004 年 挪威经济学家芬恩·基德兰德(Finn E. Kydland)和美国经济学家爱德华·普雷斯科特(Edward C. Prescott) 在动态宏观经济学方面作出了巨大贡献。他们的研究工作解释了经济政策和技术的变化是如何驱动商业循环的。

2005 年 以色列经济学家罗伯特·奥曼(Robert J. Aumann)和美国经济学家托马斯·谢林(Thomas C. Schelling) 因"通过博弈论分析加强了我们对冲突和合作的理解"所作的贡献而获奖。

2006 年 美国经济学家埃德蒙·费尔普斯(Edmund S. Phelps) 对宏观经济政策中跨期权衡分析所作的研究,加深人们对于通货膨胀和失业预期关系的理解方面作出了贡献。

2007 年 美国经济学家莱昂尼德·赫维奇(Leonid Hurwicz)、埃里克·马斯金(Eric S. Maskin)和罗杰·迈尔森(Roger B. Myerson) 他们在创立和发展"机制设计理论"方面作出了贡献。"机制设计理论"最早由赫维奇提出,马斯金和迈尔森则进一步发展了这一理论。这一理论有助于经济学家、各国政府和企业识别在哪些情况下市场机制有效,哪些情况下市场机制无效。

2008 年 美国经济学家保罗·克鲁格曼(Paul R. Krugman) 克鲁格曼整合了此前经济学界在国际贸易和地理经济学方面的研究,在自由贸易、全球化以及推动世界范围内城市化进程的动因方面形成了一套理论。他的新理论能够帮助解释自由贸易和全球化对世界经济产生什么样的影响以及世界范围内城市化进程的驱动力等一系列重要问题。

2009 年 美国经济学家埃莉诺·奥斯特罗姆(Elinor Ostrom)和奥利弗·威廉森(Oliver Williamson) 奥斯特罗姆因为"在经济管理方面的分析特别是对公共资源管理的分析"获奖,威廉森则因为"在经济管理方面的分析特别是对公司边界问题的分析"获奖。

2010 年 美国经济学家彼得·戴蒙德(Peter A. Diamond)、戴尔·莫特森(Dale T. Mortensen),英裔、塞浦路斯籍经济学家克里斯托弗·皮萨里德斯(Christopher A. Pissarides) 这三名经济学家凭借对经济政策如何影响失业率理论的进一步分析,摘得 2010 年诺贝尔经济学奖桂冠。三人的理论可以解释许多经济现象,包括:为何在存在很多职位空缺的时候,仍有众多人失业。三人建立的经济模型还有助于人们理解规章制度和经济政策如何影响失业率、职位空缺和工资。

2011 年 美国经济学家托马斯·萨金特(Thomas J. Sargent)和克里斯托弗·西姆斯(Christopher A. Sims) 在"宏观经济因果关系的实证研究"方面作出了突出的贡献。自 20 世纪 70 年代初以来,萨金特一直是理性预期学派的领袖人物,为新古典宏观经济学体系的建立和发展作出了杰出贡献,对宏观经济模型中预期的作用、动态经济理论与时间序列分析的关系等方面作出了开创性的工作。克里斯托弗·西姆斯创立了名为向量自回归的方法来分析经济如何受到经济政策的临时性改变和其他因素的影响。西姆斯及其他研究者使用这一方法来研究诸如央行加息对经济的影响等诸多重要问题。

2012 年 美国经济学家阿尔文·罗思(Alvin Roth)和劳埃德·沙普利(Lloyd Shapley) 他们在"稳定匹配理论和市场设计实践"上作出了贡献。沙普利采用了所谓的合作博弈理论并比较了不同的匹配方法。其研究重点是如何使双方不愿打破当前的匹配状态,以保持匹配的稳定性。罗思的贡献在于,他发现沙普利的理论能够阐明一些重要市场是如何在实践中运作的。通过一系列研究,他发现"稳定"是理解特定市场机制成功的关键因素。

2013 年 美国经济学家尤金·法马(Eugene Fama)、拉尔斯·彼得·汉森(Lars Peter Hansen)和罗伯特·席勒(Robert J. Shiller) 他们因对资产价格的实证分析取得显著成就而获此殊荣。评选委员会指出,他们的研究成果奠定了人们目前对资产价格理解的基础,资产价格一方面依赖波动风险和风险态度,另一方面也与行为偏差和市场摩擦相关。

2014 年　法国经济学家让·梯若尔(Jean Tirole)　他被誉为当代“天才经济学家”,累计发表过 300 多篇论文和 11 本专著。在当代经济学三个最前沿的研究领域博弈论、产业组织理论和激励理论均作出了开创性的贡献。他以对市场力量与调控领域研究的贡献而获奖,并打破了多年来美国经济学家垄断经济学奖的现象。

2015 年　拥有英国和美国双重国籍的普林斯顿大学教授、知名微观经济学家安格斯·迪顿(Angrus Deaton)　因研究消费、贫困和福利方面获得当年诺贝尔经济学奖。安格斯·迪顿最主要的学术贡献在于提供了定量测量家庭福利水平的工具,以此来更准确地定义和测量贫困,对更加有效地制定反贫困政策有着重要意义。

2016 年　哈佛大学的奥利弗·哈特(Oliver Hart)和麻省理工学院的本格特·霍斯特罗姆(Bengt Holmström)　获奖理由为对契约理论的贡献。两名获奖者创建的新契约理论工具,对于理解现实生活中的契约与制度,以及契约设计中的潜在缺陷十分具有价值,为很多领域政策与制度的设计制定提供了理论基础。

2017 年　美国经济学家理查德·泰勒(Richard Thaler),行为金融学奠基者,芝加哥大学教授　他把心理学的现实假设融入经济学的决定分析中,通过研究和探索有限的理性、社会偏好及缺乏控制力的后果,证明了人类特质是如何影响个人决定,以致影响市场效果的。

2018 年　耶鲁大学教授威廉·诺德豪斯(William Nordhaus)和纽约大学教授保罗·罗默(Paul Romer)　两人将技术创新和气候变化引入长期宏观经济模型分析框架,解释了市场经济如何与自然环境和人类知识相互作用,为全球经济实现可持续增长的道路提供了方法论依据。

2019 年　美国麻省理工学院阿比吉特·巴纳吉(Abhijit Banerjee)、埃丝特·迪弗洛(Esther Duflo)和哈佛大学迈克尔·克雷默(Michael Kremer)　他们“在减轻全球贫困方面的实验性做法”研究,大大提高了我们应对全球贫困的能力,例如把减贫问题拆分为教育质量改善和医疗保健如何开展等更为细致入微的问题。

2020 年　美国斯坦福大学的保罗·米尔格罗姆(Paul R. Milgrom)和罗伯特·威尔逊(Robert B. Wilson)　他们在“对拍卖理论的改进和对新拍卖形式的发明”方面作出了突出贡献,使世界各地的卖方、买方和纳税人都受益。他们为难以用传统方式出售的商品和服务开发了拍卖形式,例如无线电频率、捕鱼配额、机场降落位、碳排放额度,或特定地区的矿物数量等。

2021 年　加州大学伯克利分校教授大卫·卡德(David Card)和麻省理工学院教授约书亚·安格里斯特(Joshua D. Angrist)、斯坦福大学教授吉多·伊本斯(Guido W. Imbens)　前两位对“劳动经济学的实证”的贡献,为我们提供了关于劳动力市场的新见解,第三位对“因果关系分析的方法论”的贡献,向我们展示了从自然实验中可以得出哪些因果结论。他们的方法已经扩展到其他领域,彻底改变了实证研究。

2022 年　美联储前主席本·伯南克(Ben S. Bernanke)、芝加哥大学教授道格拉斯·戴蒙德(Douglas W. Diamond)和华盛顿大学圣路易斯分校教授菲利普·迪布维格(Philip H. Dybvig)　他们在银行和金融危机方面的研究成果取得了实实在在的金融治理效果:他们的研究成果为当前全球各国政府寻找到了一条如何发挥银行金融功能以及货币政策在刺激与收缩经济中的作用的新路子,为全球金融稳定以及经济健康可持续增长作出了重要贡献。尤其自2008年金融危机以来经济学界对流动性危机的认识越发深刻、清晰,在应对新冠疫情带来的经济冲击过程中,各国央行也通过释放流动性缓解了金融危机,这与三位经济学家的研究密不可分。

2023年　美国经济学家克劳迪娅·戈尔丁(Claudia Goldin)　她是哈佛大学经济学教授,也是哈佛大学历史上第一位女性终身教授。戈尔丁因其在女性劳动力市场研究领域的突出贡献而获奖,她揭示了劳动力市场中性别差异的主要驱动因素,增进了人们对女性劳动力市场的理解。

学以致用：例文两篇

中国经济实现可持续增长的对策分析

摘要：本文通过建立柯布—道格拉斯生产函数模型，并根据1985—2005年的相关数据对中国的经济增长方式进行了实证分析，得出了中国经济增长方式还属于粗放型的经济增长。然后结合经济学史上有影响的经济增长理论，提出中国应该从技术进步、人力资本积累、结构优化、制度创新这四个方面加强引导，以求实现中国经济的可持续增长。

关键词：经济增长方式；可持续；实证分析

一、引言

所谓经济增长方式问题，也就是经济增长主要依靠什么因素推动的问题。按照这种认识，经济增长方式可以分为两种类型：粗放型和集约型。粗放型经济增长方式也就是我们通常所说的外延式经济增长方式或传统的经济增长方式，主要是靠生产要素的投入和规模的扩大来推动经济增长的。集约型经济增长也就是我们通常所说的内涵式经济增长或现代的经济增长方式，是由著名的经济学家西蒙·库兹涅茨在《现代经济增长》一书中首先提出来的，它强调靠技术创新、资源配置优化来推动经济增长。经济增长方式的不同是发达国家与发展中国家的一个重要区别。一个国家要想从发展中国家转变为发达国家就必须要将其经济增长方式从粗放型经济增长方式转变为集约型经济增长方式，换言之，一个国家要想实现现代化首先必须实现经济增长方式的现代化。在研究我国经济增长方式问题之前，首先需要对我国经济增长方式的现状有一个客观的评价。

二、我国经济增长方式现状的实证分析

1. 生产函数

我们采用柯布—道格拉斯生产函数分析我国目前的经济增长方式。在此，假设技术进步为希克斯中性的，且规模报酬不变，则生产函数形式为

$$Q_t = A_0(1+r)^t K_t{}^{\alpha} L_t{}^{1-\alpha} \tag{1}$$

式中：Q_t 为第 t 年的产量(值)；A_0 为基准年的全要素生产率水平；r 为全要素生产率年均增长率；K_t 为第 t 年投入的资本(包括设备)；L_t 为第 t 年投入的劳动力；α 为资本的弹性系数；$1-\alpha$ 为劳动力的弹性系数。

当时间 t 变化较小时，式(1)可以写成指数形式。

$$Q_t = A_0 e^{rt} K_t^{\alpha} L_t^{1-\alpha} \tag{2}$$

规模报酬不变的假定可以将式(2)表示成密集形式的生产函数。两边分别除以 L，有

$$Q_t / L_t = A_0 e^{rt} (K_t / L_t)^{\alpha} \tag{3}$$

令 $y = Q/L$，$k = K/L$，两边同时取对数，整理后可以得

$$\ln y = \ln A_0 + \alpha \ln k + rt \tag{4}$$

2. 判断标准

通过什么标准判断一种经济增长方式是粗放型的或是集约型的？按照经济增长方式的内涵，它的判断标准应该看：经济总增长中，靠增加生产要素投入所得的比重大，还是靠提高生产要素产出率所得的比重大。在经济学中，通常采用全要素生产率(TFP)与总要素投入(TFI)对经济增长的贡献份额的比较来判断经济增长方式[1]。如果 TFP 对经济增长的贡献份额大于 TFI 对经济增长的贡献份额，说明全要素生产率的提高在经济增长中起决定作用，因此属于集约型经济增长；如果 TFP 对经济增长的贡献份额小于 TFI 对经济增长的贡献份额，则说明生产要素投入是经济增长的主要源泉，因此属于粗放型经济增长；如果 TFP 对经济增长的贡献份额等于 TFI 对经济增长的贡献份额，属于中性经济增长。用公式表示就是

集约型经济增长 $S_P > S_I$

中性经济增长 $S_P = S_I$

粗放型经济增长 $S_P < S_I$

式中：S_P 为 TFP 对经济增长的贡献份额，可以用柯布—道格拉斯生产函数中的全要素生产率年均增长率 r 除以国内生产总值(GDP)的年均增长率 g 来衡量，即 $S_P = r/g$；S_I 为 TFI 对经济增长的贡献份额，可以用 1 减 S_P 来衡量，即 $S_I = 1 - S_P$，也可以用劳动贡献份额 S_L 加上资本贡献份额 S_K 之和加以衡量，即

$$S_I = S_L + S_K$$

式中：劳动贡献份额 $S_L = \alpha \times G_L / g$，$G_L$ 为劳动力年均增长率；资本贡献份额 $S_K = (1-\alpha) \times G_K / g$，$G_K$ 为资本年均增长率。

借助 S_K 和 S_L 还可以把经济增长方式分为三种基本模式。

劳动导向型 $S_K < S_L$

中性导向型 $S_K = S_L$

资本导向型 $S_K > S_L$

下面我们就按照以上的衡量标准，判断我国的经济增长方式是粗放型的还是集约型的，是劳动导向型还是资本导向型的。

3. 实证分析

利用统计软件 SPSS 14.0，对《中国统计年鉴 2011》中 1990—2010 年相关的数据(略)进行回归分析可以得到如下的对数生产函数。

$$\ln y = 3.563\,1 + 0.634\,1 \ln k + 0.030\,0 t \tag{5}$$

$$(5.243\,2 \quad 5.637\,3 \quad 1.689\,1) \quad R^2 = 0.987\,8, F = 686$$

括号中为相应系数的 t 检验。从式(5)中可以看出对时间 t 的 t 检验不是很显著，因此我们在此将时间分为两段进行统计分析。

1990—1999 年为第一时段，经回归分析后可求得如下的对数生产函数：

$$\ln y = 4.222\,1 + 0.433\,6\ln k + 0.068\,8t \tag{6}$$

$$(11.406\,8 \quad 5.904\,8 \quad 5.5534) \quad R^2 = 0.989\,5, F = 329$$

从式中可以看出，统计检验是很显著的。并且由 $\ln A_{1985} = 4.221$，可知 $A_{1985} = 68.176\,5$，$\alpha = 0.433\,6$，所以我国 1990—1999 年的生产函数为：$Q = 68.176\,5K^{0.433\,6}L^{0.566\,4}$。根据《中国统计年鉴 2011》中 1990—1999 年相关数据还可以求得这 10 年的劳动力年均增长率为 3.1%，资本年均增长率为 21%，GDP 年均增长率为 18%。据此可以计算出这一时期的全要素生产率的贡献率为 $S_P = 0.068\,8/0.18 = 38.22\%$；劳动贡献率为 $S_L = 0.566\,4 \times 0.031/0.18 = 9.75\%$；资本贡献度为 $S_K = 0.433\,6 \times 0.21/0.18 = 50.59\%$。

计算结果表明这 10 年中国的经济增长中，全要素生产率对经济增长的贡献份额为 38.22%，总要素投入对经济增长的贡献份额为 62.78%。

2000—2010 年为第二时段，可求得相应的生产函数如下：

$$\ln y = 5.712\,7 + 0.353\,1\ln k + 0.031\,7t \tag{7}$$

$$(9.414\,2 \quad 3.403\,2 \quad 2.527\,3) \quad R^2 = 0.989\,7, F = 336$$

从式中可以看出，统计检验也是不错的。由 $\ln A_{1995} = 5.712\,7$，可知 $A_{1995} = 302.687\,2$，$\alpha = 0.353\,1$，所以，我国 2000—2010 年的生产函数为：$Q = 302.687\,2K^{0.353\,1}L^{0.646\,9}$。根据《中国统计年鉴 2011》中 2000—2010 年相关数据可以求得在此期间劳动力年均增长率为 1%，资本年均增长率为 13.4%，GDP 年均增长率为 8.9%。据此可以计算出这一时期的技术进步贡献率为 $S_P = 0.031\,7/0.089 = 35.62\%$；劳动贡献率为 $S_L = 0.646\,9 \times 0.01/0.089 = 7.27\%$；资本贡献率为 $S_K = 0.353\,1 \times 0.134/0.089 = 53.16\%$。

计算结果表明 2000—2010 年中国的经济增长中，全要素生产率对经济增长的贡献份额为 35.62%，总要素投入对经济增长的贡献份额为 64.38%。

4. 解释说明

通过对我国 1990—2010 年经济增长的实证分析，可以得出这样的结论：20 年来，中国的经济增长属于典型的粗放式经济增长方式。而全要素生产率对经济增长的贡献份额美国在 20 世纪 50 年代就达到 53%，德国在 60 年代达到 69.1%，日本在 70 年代达到 71.2%，新加坡在 80 年代达到 64.1%，韩国的同期比例则为 55.3%[2]。难怪美国著名的经济学家克鲁格曼对“亚洲经济的神话”不解：“亚洲经济不是奇迹，持续的经济增长需要‘加大投入’和‘改善生产效率’，但亚洲各国的经济增长几乎都是依赖劳动力投入的增加，以及对物资资本的投资等‘投入’的增大实现的，而这样的投入是难以持久的。在亚洲若除去日本，几乎看不见改善生产效率的痕迹，可以见到的无非是投入增加型的经济增长，而这种模式对世界经济的未来几乎是没有什么意义的。”

发改委宏观经济研究院研究员王小广也认为我国主要依赖资源的高投入来实现的粗放型的经济增长越来越难以为继[3]。“如果经济增长方式不发生转变的话，经济增长面临的约束将越来越强……因为当前的经济发展更多的是建立在技术进步的基础上。”

但是，根据 S_K 和 S_L 的数值比较也可以看出，我国的粗放型经济增长方式属于资本导向型。根据发达国家的经验，经济增长方式的转变一般要经历劳动密集型—资本密集型—资本技术密集型—知识技术密集型。目前，我国的经济增长中资本和技术的贡献份额较大，说明我国已经具备向知识技术密集型，即集约型经济增长方式转变的基本条件。发达国家的理论和历史经验说明，一个国家只有依靠全要素生产率的提高才能实现经济增长方式的转变，才能富民强国。现在中国转变经济增长方式的时机已经成熟。正如中国国务院发展研究中心研究员张立群所言，在"十一五"规划中再提转变经济增长方式，是因为转变的条件在逐步完善。

三、实现我国经济增长方式转变的对策

以索洛为代表的技术进步决定论，舒尔茨、卢卡斯及罗默为代表的知识和人力资本决定论，钱纳里为代表的结构影响论，熊彼特、科斯、诺斯为代表的制度影响论等经济增长理论从多个视角为我国寻找经济增长的源泉、实现经济增长方式的转变提供了理论依据。当前，实现中国经济增长方式转变的重点不在于要素投入数量的增加，而在于要素的效率化，在于技术进步、人力资本积累、结构优化、制度创新等政策的选择。

1. 增加科技研发投入，推进技术进步

目前，中国的科技投入大约占 GDP 的 1%，而美国、日本等发达国家高达 3%～5%。所以，我国要想通过技术进步推动经济的长期增长，必须得加大科技投入，特别是研究开发的投入。近期，科技开发的重点应放在加快开发能够推动结构升级和促进可持续发展的共性技术、关键技术和配套技术。应避免重蹈发达国家老路，跳过污染密集型技术，研究开发或高起点采用低能耗、低污染的技术，也就是必须改变传统的"资本高投入、资源高消耗、污染高排放"的粗放型增长模式，逐渐建立一个以促进生态环境平衡、低消耗资源为中心的节约型经济持续增长研发机制。应该尤为注意的是，在继续加强基础研究和应用基础研究的同时，在中国有相对优势的技术领域，还应该提高自主创新能力，提高科技持续创新能力，推进技术进步，努力实现产业化。

2. 提高教育水平，重视人力资本积累

加大人力资本投资，努力提高劳动者素质可以为我国今后经济的高速增长提供持久的动力，特别是在我国目前单纯物质资本与劳动数量的投入已无法保持经济持续高速增长的情况下，重视人力资本投资更具有决定性的意义。因此，要高度重视教育在经济增长中的重要作用，进一步改革分配制度，提高人力资本投入产出比，以优化教育与人力资源的结合。具体来说，义务教育是国家政府的职责，必须以国家办学为主；非义务教育，要鼓励多种办学、自主办学，鼓励社会上的企事业单位联合办学。同时要重视教育体制改革和对外开放，改变应试教育模式，提高学生动手能力和开放式办学水平，逐步放开中外合作办学的限制，在严格审批和监督下，有选择地允许国外机构、团体特别是大学、中学、职业技术学院等与国内有关方面合作创办大学、高中、职业技术学院。只有多方面的努力，才能不断提高中国教育水平，增加人力资本积累，从根本上实现经济增长方式的转变，推动

中国经济长期稳定增长。

3. 调整优化结构，提高要素配置效率

中国经济增长的产业之间、城乡之间、地域之间都存在明显差距，这种经济增长的非均衡性决定了中国在结构调整优化方面具有巨大的空间，蕴藏巨大的增长潜力。从产业之间来看，第一产业要从依靠扩大面积，大量施用化肥、农药，转到依靠提高农产品质量，发展生态农业的轨道上来；第二产业要从高消耗、高污染的工业增长方式转到依靠产业技术升级、产品质量提高、国内外市场占有扩大的轨道上来；第三产业发展要从传统第三产业为主转到提高服务质量、大力发展现代服务业上来。从城乡之间来看，要大力推进城镇化进程，逐步形成合理的城镇体系，促进城乡协调发展，逐步消除二元经济结构，为经济发展提供广阔的市场和持久的动力，促进中国经济增长的良性循环。从地域之间来看，要加快中西部地区发展，重点是实施西部大开发战略，加快西部地区水利、交通、通信、电网及城市基础设施建设，实施西电东送、西气东输、节水和开发水资源等一批具有战略意义的重点工程，推进天然林保护、退耕还林还草、防沙治沙、草原保护等生态环境治理工程，支持西部地区基础教育的发展，重点提高贫困地区、民族地区、边疆地区的九年义务教育的普及率，大力发展有市场、有效益的特色农业产品，引导东部在结构调整中将一部分产业有次序地向中西部转移、梯度推进。总之，结构的优化意味着资源要素更有效的配置和综合生产能力的大幅提高，在中国经济增长方式的转变中起着重要的作用。

4. 推进制度创新，建立有效率的制度

据世界银行测算，改革开放以来，制度创新对中国经济增长的贡献显著，是经济增长最主要的动力之一[4]。但从目前看，束缚中国经济发展和生产率提高的制度因素还有不少，政府管理中的短期行为、趋利行为、权力失衡、腐败行为、监督不力等问题尚未得到较好解决，通过改革释放增长潜能的空间仍然较大。今后，我国要进一步深化改革，为经济增长方式的转变创造良好的制度环境。具体来说，一是要注意加强法律制度建设和宪政制度建设，在规范、科学的法律制度下中国的市场经济才能成为法治经济，才会出现持久的活力；二是要继续深化国有企业改革，加快国有企业产权制度改革，使国有经济更具效率；三是要进一步开放市场，放开价格，打破地方封锁和行业垄断，特别是要加快推进电信、电力、民航、铁路等行业管理体制改革，建立全国统一、公平竞争、规范有序的市场体系；四是要积极推进市场化综合配套改革，继续完善市场经济体制，深化收入分配制度、社会保障制度以及财税、金融、投融资等方面改革，提高市场对资源的配置效率，使社会资源得到更有效的配置；五是要建立一个对人民高度负责的高效、廉洁、透明、决策民主、行为规范、管理科学的有限资源配置权力的政府，这是实现中国经济长期稳定发展的根本性的制度保证。

资料来源：吴云勇. 中国经济增长方式转变的对策分析[N]. 贵州商业高等专科学校学报，2008(1).

参考文献

[1] 仇建涛，刘玉坷. 经济增长模式比较[M]. 北京：经济科学出版社，1999.

[2] 胡乃武，姜玲. 我国经济增长方式的现状及对策分析[J]. 党政干部学刊，2006(1)：29-31.
[3] 袁元. 转变增长方式的全新内涵[J]. 瞭望新闻周刊，2005(40)：34-35.
[4] 文魁，谭永生. 把握规律切实转变经济增长方式——我国经济增长的因素分析[J]. 经济与管理研究，2005(2)：3-9。

中国农民增收的内在决定因素研究

——基于索洛和人力资本增长模型

摘要：近十年来，中国农民人均实际纯收入的增长率基本上稳定在6%左右，家庭经营实际纯收入基本上稳定在2%左右，这意味着中国农民增收问题已处于索洛增长模型的稳态，或者说已陷入“温饱陷阱”。结合索洛增长模型和人力资本增长模型进行必要的理论分析后，可以得出这样一个结论：在短期内增加中国农民实际收入必须依靠提高实际储蓄率(投资率)和加快农业人口转移速度；在长期内必须依靠加大对“三农”的教育和科研投入。

关键词：农民；收入；索洛增长模型

一、引言

农村居民家庭人均纯收入按收入来源可以分为工资性收入、家庭经营纯收入、转移性和财产性收入三大类。从近年来的统计数据可以看出，转移性和财产性收入在农村居民家庭人均纯收入中所占份额较小，变化不大，相对较为稳定，约占5%；家庭经营纯收入在农村居民家庭人均纯收入中所占份额最大，基本上呈不断下降趋势，1990年约占75%，目前约占60%；工资性收入在农村居民家庭人均纯收入中所占份额不断增大，且增长势头强劲，1990年约占20%，目前约占35%。

利用《中国统计年鉴》中的数据，可以计算出农民人均实际纯收入、家庭经营实际纯收入及各自的环比增长率，结果如表1所示。

从表1中可以看出，1990—1997年期间中国农民人均实际纯收入和家庭经营实际纯收入的增长均非常不稳定，其中农民人均实际纯收入环比增长率最高年份是1996年达15%，而最低年份是1991年则为0；家庭经营实际纯收入环比增长率最高年份是1996年达14%，而最低年份是1991年则为−2%。但1998—2003年期间，中国农民人均实际纯收入和家庭经营实际纯收入的增长率却均比较平稳，其中农民人均实际纯收入基本上维持在6%左右，家庭经营实际纯收入基本上维持在2%左右。2004年和2005年农民人均实际纯收入和家庭经营实际纯收入在此基础上均呈现较大幅度的上升，主要应归因于减免农业税及“直补”政策的短期效应。

为什么近十年中国农民实际收入增长这样平稳？是否意味着已处于索洛增长模型的稳态？相对于中国经济和城镇居民可支配收入的高速增长来说，中国农民收入是否已陷入了“温饱陷阱”[1]？如何才能打破这个陷阱，重获新的动力，实现较快的增长呢？近两年中国农民人均实际收入所呈现出的明显增长势头，又可以给我们什么启示呢？本文拟结合索洛增长模型和人力资本增长模型对此给予理论解释和分析。

表1　1990—2005年中国农民人均纯收入和家庭经营纯收入增长情况

年份	农民人均名义纯收入/元	家庭经营纯收入/元	商品零售价格指数(按1978年价格)	农民人均实际纯收入/元	家庭经营实际纯收入/元	农民人均实际纯收入增长率/%	家庭经营实际纯收入增长率/%
1990	686.30	519	207.70	330.43	249.88	—	—
1991	708.60	524	213.70	331.59	245.20	0	−2
1992	784.00	562	225.20	348.13	249.56	5	2
1993	921.60	678	254.90	361.55	265.99	4	7
1994	1 221.00	882	310.20	393.62	284.33	9	7
1995	1 577.70	1 126	356.10	443.05	316.20	13	11
1996	1 926.10	1 363	377.8	509.82	360.77	15	14
1997	2 090.10	1 473	380.8	548.87	386.82	8	7
1998	2 162.00	1 466	370.9	582.91	395.25	6	2
1999	2 210.30	1 448	359.8	614.31	402.45	5	2
2000	2 253.42	1 436	354.4	635.84	405.19	4	1
2001	2 366.40	1 460	351.6	673.04	415.24	6	2
2002	2 475.63	1 487	347.0	713.44	428.53	6	3
2003	2 622.24	1 541	346.7	756.34	444.48	6	4
2004	2 936.40	1 746	356.4	823.91	489.90	9	10
2005	3 254.93	1 845	359.3	905.91	513.50	10	5

资料来源：国家统计局. 中国统计年鉴[M]. 北京：中国统计出版社，1991—2006.

二、模型的构建

在经济学中通常认为促进经济增长的四大因素是：劳动、资本、自然资源和技术进步。基于此，我们可以把中国农民的生产函数形式设为如下的柯布—道格拉斯生产函数：

$$Y=F(K,AR,AL)=K^{\alpha}(AR)^{\beta}(AL)^{1-\alpha-\beta} \tag{1}$$

式中：Y 为我国农民实际收入(实际总纯收入及家庭经营实际纯收入)；K 为资本；A 为技术水平；R 为土地；L 为劳动；$\alpha>0,\beta>0,\alpha+\beta<1$。

该生产函数具备以下特点。

(1) A、R 和 A、L 均以乘积形式进入。按照索洛的说法，AR 可以称为有效土地，AL 可以称为有效劳动。这种形式引入的技术进步可以称为土地和劳动增进型的。

(2) 这四种生产要素随时间的变化满足下列条件：$\dot{L}=nL,\dot{A}=gA,\dot{R}=0$，即劳动和技术以不变速度增长，土地的供给是不变的。

(3) $\dot{K}=sY-\delta K$，s 为收入中用于投资的比例，δ 为资本的折旧率，按王小鲁和樊纲(2000年)的建议可以设定为5%不变，则农民当年的净投资就等于当年投资额减去折旧额。

(4) 对于资本、有效土地和有效劳动是规模报酬不变的，即如果资本、有效土地和有效劳动的数量加倍，则产量加倍。

规模报酬不变的假定使我们得以使用密集形式的生产函数：

$$F\left(\frac{K}{AL},1,\frac{R}{L}\right)=\frac{1}{AL}F(K,AL,AR)=\left(\frac{K}{AL}\right)^{\alpha}\left(\frac{R}{L}\right)^{\beta} \tag{2}$$

式中：$\frac{K}{AL}$是每单位有效劳动的平均资本数量；$\frac{R}{L}$是每单位劳动的平均土地数量；而$\frac{1}{AL}F(K,AL,R)$就是$\frac{Y}{AL}$，即每单位有效劳动的平均收入。定义 $k=\frac{K}{AL}$，$r=\frac{R}{L}$，$f(k,r)=F(k,1,r)$，那么可将式(2)写为

$$y=f(k,r)=k^{\alpha}r^{\beta} \tag{3}$$

从这个密集形式的生产函数中可以看出，每单位有效劳动的平均收入(y)取决于每单位有效劳动的平均资本数量(k)和每单位劳动的平均土地数量(r)。下面就基于这个生产函数对中国农民增收问题进行理论分析。

三、模型动态学的分析

1. k 的动态学

由于 $k=K/AL$，用链式法则可得

$$\begin{aligned}\dot{k}(t)&=\frac{\mathrm{d}\dfrac{K(t)}{A(t)L(t)}}{\mathrm{d}t}=\frac{\dot{K}(t)A(t)L(t)-[\dot{A}(t)L(t)+A(t)\dot{L}(t)]K(t)}{[A(t)L(t)]^{2}}\\&=\frac{\dot{K}(t)}{A(t)L(t)}-\frac{\dot{A}(t)L(t)+A(t)\dot{L}(t)}{A(t)L(t)}\frac{K(t)}{A(t)L(t)}\\&=\frac{sY(t)-\delta K(t)}{A(t)L(t)}-(g+n)k(t)\quad(\text{此处应用}\dot{K}=sY-\delta K)\\&=sy(t)-(n+g+\delta)k(t)\end{aligned} \tag{4}$$

由式(3)和式(4)可知：

$$\dot{k}(t)=sk^{\alpha}r^{\beta}-(n+g+\delta)k(t) \tag{5}$$

因此，若 $sk^{\alpha}r^{\beta}=(n+g+\delta)k$ 则$\dot{k}=0$。这一条件等价于 $k^{1-\alpha}=[s/(n+g+\delta)]r^{\beta}$ 或 $k=[s/(n+g+\delta)]^{1/(1-\alpha)}r^{\beta/(1-\alpha)}$。满足这一条件的 r 和 k 的组合如图1所示。由于$\beta<1-\alpha$，所以在这条曲线上，k 对 r 的二阶导数是负的。另外，式(5)意味着$\dot{k}$随 r 递增。因此在$\dot{k}=0$ 曲线的右侧$\dot{k}$为正，在其左侧$\dot{k}$为负。

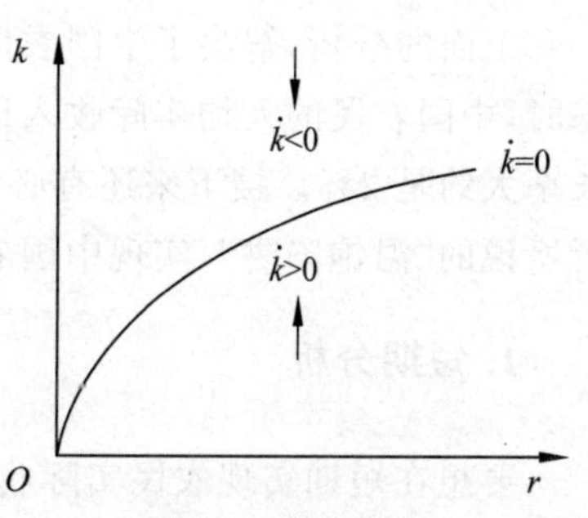

图1 k 的动态学

2. r 的动态学

由于 $r=R/L$，所以

$$\dot{r}(t)=\frac{\dot{R}(t)L(t)-R(t)\dot{L}(t)}{[L(t)]^2} \quad (\text{此处应用}\ \dot{R}=0)$$

$$=-nr(t) \tag{6}$$

这里 n 是农业人口增长率，可能为正也可能为负。从式(6)可以看出，随着农业人口绝对量的增长($n>0$)，农民人均耕地的占有量是递减的；随着农业人口绝对量的减少($n<0$)，农民人均耕地的占有量是递增的。并且，农民人均耕地的占有量，即每单位劳动的平均土地数量随时间的变化与每单位有效劳动的平均资本数量无关。所以，当 $\dot{r}=0$ 时，$n=0$。满足这一条件的 r 和 k 的组合如图 2 所示。

3. k 和 r 的组合分析

下面将图 1 和图 2 的分析结合起来。图 3 同时显示了 k 和 r 的动态学。点 E 是全局稳定的：不管经济的初始位置如何，该经济都将收敛于点 E。一旦达到点 E，经济就处于平衡增长路径上。此时，k、r 和 y 不变，由于总的土地数量不变及农业人口增长率 $n=0$，因此在稳态时每个农民人均土地数量(R/L)也不变。总资本($K=AL\times k$)和总收入($Y=AL\times y$)都以速率($n+g$)增长；而每个农民人均资本(K/L)和人均实际收入(Y/L)以速率 g 增长。这样每个农民人均实际收入的长期增长只决定于技术进步率 g。

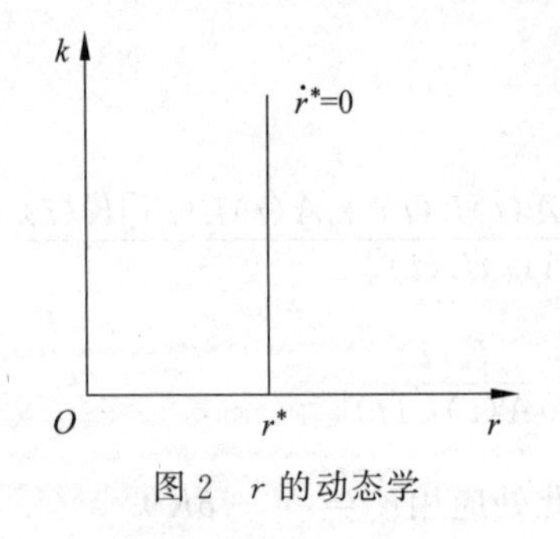

图 2　r 的动态学

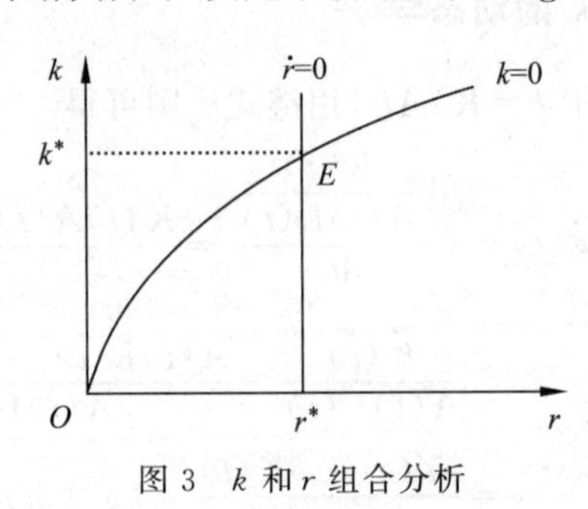

图 3　k 和 r 组合分析

四、模型的应用

上面的分析，解决了中国农民人均实际收入增长率较为稳定的问题，即 k 和 r 处于稳态时，中国农民的人均实际收入以速率 g 增长，从对表 1 的分析中看出近十年来这个增长率大约是 2%。接下来还有必要深入探讨一下如何打破这种稳态，或如蔡昉等国内学者所说的“温饱陷阱”，实现中国农民人均实际收入的快速增长和长效增长。

1. 短期分析

要想在短期实现农民实际收入的快速增长可以通过图 3 的分析得出答案，即 $\dot{k}=0$ 曲线提高或 $\dot{r}=0$ 直线向右移动都可以使中国农民人均实际收入在一个较高的水平上实现新的均衡（稳态）。下面我们分别分析$\dot{k}=0$曲线和$\dot{r}=0$直线。

1）$\dot{k}=0$曲线

如果每单位有效劳动的平均实际投资sy大于所需的持平投资$(n+g+\delta)k$，则$\dot{k}>0$，k上升，从而使$y=f(k,r)=k^{\alpha}r^{\beta}$上升。如果实际投资$sy$低于持平投资$(n+g+\delta)k$，则$\dot{k}<0$，$k$下降会使$y=f(k,r)=k^{\alpha}r^{\beta}$也下降。如果两者相等则$\dot{k}=0$，$k$不变，$y$也不变。所以，要想使中国农民人均实际收入增加，从单位有效劳动平均资本存量的角度来看，只能是使实际投资sy大于持平投资$(n+g+\delta)k$。

(1) 如何提高实际投资。由于每单位有效劳动的平均实际投资为sy，所以实际投资的增加，可以通过储蓄率s的提高来实现。由式(5)可知，当经济实现稳态时：

$$k^{*}=\left(\frac{s}{n+g+\delta}\right)^{\frac{1}{1-\alpha}}r^{*\frac{\beta}{1-\alpha}}$$

$$=s^{\frac{1}{1-\alpha}}(n+g+\delta)^{-\frac{1}{1-\alpha}}r^{*\frac{\beta}{1-\alpha}} \tag{7}$$

将式(7)代入式(1) $y^{*}=f(k^{*},r^{*})=k^{*\alpha}r^{*\beta}$中，整理后得

$$y^{*}=s^{\frac{\alpha}{1-\alpha}}(n+g+\delta)^{-\frac{\alpha}{1-\alpha}}r^{*\frac{\beta}{1-\alpha}}$$

现在该方程左右两边同时乘以A，则经过整理可得

$$\left(\frac{Y}{L}\right)^{*}=s^{\frac{\alpha}{1-\alpha}}(n+g+\delta)^{-\frac{\alpha}{1-\alpha}}r^{*\frac{\beta}{1-\alpha}}A \tag{8}$$

从式(8)可以看出，中国农民人均实际收入(Y/L)对储蓄率(s)的弹性为$\alpha/(1-\alpha)$。根据柯布—道格拉斯等人的分析，在大多数国家，资本收入所占份额大约为1/3。如果我们把它作为对α的一个估计值，可知中国农民人均实际收入对储蓄率的弹性大约为1/2，这与蔡昉等学者通过回归分析得出中国物质资本增长1%能够推动农民收入增长0.49%的结论是一致的。比如说储蓄率增加10%，将使农民人均实际收入提高大约5%，所以罗默在其《高级宏观经济学》中认为，即使储蓄率增加50%，也仅使农民人均实际收入增加大约25%，储蓄率的显著变化对于收入水平只有较小影响。[2]可是，这个结论适用于对中国农民人均实际收入问题的分析吗？我们认为不适用！原因有以下两个。

① 中国农民的储蓄向投资的转化渠道十分不畅。为尽快实现工业化，国家从农业吸取了大量资金，使得中国农民虽然储蓄率很高，但实际用于“三农”的投资率却很少。据统计，1952—1990年，通过税收从农业抽取的资金为1 527.8亿元，通过价格“剪刀差”从农业抽取的资金为8 707亿元，通过储蓄从农业抽取的资金为14 04.8亿元。20世纪90年代，我国工业化步入中期阶段，即到了工农自养阶段，但是，城乡资金流动格局并未转变。1990—1998年间，农村资金流出19 222.5亿元，其中通过财政渠道流出的占48.9%，“剪刀差”渠道流出的占32.8%，金融渠道流出的占18.3%，农村信用社和邮政储蓄将2/3的农村储蓄用于城市信贷，只有1/3用于农村信贷，农业企业和农户贷款困难。所以，尽管中国农民基于种种原因目前储蓄率居高不下（40%以上），但这个40%的储蓄率并不是我们模型中的储蓄率s（模型暗含一个条件储蓄等于投资，储蓄率等于投资率），从模型来看，中国农民实际的储蓄率（或者称为投资率）非常低。所以，在短期内通过金融体制改

革，疏通农民储蓄向投资的转化渠道，把农民的储蓄率（或者称为投资率）提高几倍都是很有可能的。如果提高两倍，那么中国农民人均实际收入就可以提高一倍。

② 目前政府在"三农"问题上的投入不足。从发达国家在基期（1986—1988 年）对农业的国内支持来看，欧盟（12 国）支持价值量占农业 GDP 比重达 63.4%，其中法国为 69.6%，奥地利为 60.6%，挪威更高达 83.5%；日本为 50.5%，以色列为 59.2%。1986 年以后，中国政府在农业投入上的开支明显增加，但支持价值量占农业 GDP 的比重也仅仅在 10%左右。何振国博士（2005 年）利用数学和计量方法得出：财政支农支出为农业 GDP 的 47.1%时，财政支农支出规模达到最优状态[3]。所以尽管近两年中国政府对"三农"问题的支持力度明显加大，如取消农业税、加大财政对农业基础设施的投入等，这是中国农民人均实际收入增幅有一个较大提高的主要原因，但与最优规模相比还相距甚远，这也意味着中国农民的储蓄率（或者称为投资率）还存在较大的政策提升空间。换言之，即使农民自身储蓄潜力完全释放出来，还可以通过外部途径来加大对农业的投资力度，从而使储蓄率进一步提高。

(2) 如何降低持平投资。从式(4)可以看出，要想使中国农民人均实际收入增加，从单位有效劳动平均资本存量的角度来看，除了可以通过提高储蓄率 s 外，还可以降低持平投资 $(n+g+\delta)k$。由于农业生产的折旧率相对较为稳定，即可以认为 $\dot{\delta}=0$；技术进步率 g 我们准备放在长期中分析；所以，降低持平投资问题就变成降低农业人口增长率 n 的问题了。要做到这点，就要随着我国产业结构的升级，实现农业劳动力向第二、三产业的转移。[4]

2) $\dot{r}=0$ 直线

从式(8)可以看出，增加每单位劳动的平均土地数量也可以提高中国农民人均实际收入。要想提高每单位劳动的平均土地数量，从式(6)可以看出，也只能寄希望于农业人口增长率 n 为负值，这样 $\dot{r}=0$ 直线就将右移，从而实现农民人均实际收入增加的目的。这也要求农业劳动人口要随着国民经济的增长不断地向第二、三产业转移。按照 Lewis (1954 年)的分析，在一个社会从农业社会向工业社会转变的过程中，城市对劳动力的需求在不断增加，城市可以在工资率不变的情况下，"淘干农村剩余劳动力澡盆"。2003 年，与中国处于大致相同发展阶段的邻近国家，多米尼加（实际人均 GDP 为 4 740 美元）农业劳动力比重为 24%，萨尔瓦多（实际人均 GDP 为 4 343 美元）农业劳动力比重为 22%，委内瑞拉（实际人均 GDP 为 4 269 美元）农业劳动力比重为 20%，乌克兰（实际人均 GDP 为 4 759 美元）农业劳动力比重为 10%，秘鲁（实际人均 GDP 为 4 580 美元）农业劳动力比重为 9%，黎巴嫩（实际人均 GDP 为 4 412 美元）农业劳动力比重为 7%[5]，而中国（实际人均 GDP 为 4 344 美元）农业劳动力比重高达 42%。为什么农民没有转移出去呢？以户籍制度、土地流转制度和社会保障制度为核心的城乡分割体制限制了农村人口流入城市，同时，中国城市化发展进程的滞后又抑制了就业结构不能随着经济结构转变而发生同步变化，造成了城乡经济发展长期处于失衡状态（蔡昉，2006 年）。所以，在目前农村存在大量剩余劳动力的情况下，加快户籍制度、土地流转制度、社会保障制度的改革和小城镇建设等，对于解决农民增收问题至关重要。

2. 长期分析

提高储蓄率和加速农业人口向第二、三产业转移虽然可以在短期内提高农民的人均实际收入，但从模型的动态学分析中我们可以看出，这种提高只是暂时的，当经济再次达到稳态水平时，农民人均资本(K/L)和人均实际收入的增长会再次以速率 g 增长。所以，从长期来看，提高农民人均实际收入只能依靠技术进步率的提高。那么如何才能提高技术进步率呢？国内外的学者分析得出一个共同的结论：科教兴农。蔡昉等学者(2006 年)通过回归分析指出农村劳动力的人均受教育年限增长 1% 能够推动农民收入增长 0.53%。中国东、中、西部的农民实际人均收入差距较大，这可从农村劳动力的人均受教育年限发现规律：2003 年，东部地区农村劳动力人均受教育年限为 8.45 年，中部地区农村劳动力人均受教育年限为 8.09 年，基本接近初中毕业水平；西部地区农村劳动力人均受教育年限为 6.49 年，相当于小学毕业水平。而这又与国家的教育政策和教育资源配置密切相关。比较而言，东部地区小学和初中的生均国家财政投入和私人教育投入都高于中西部地区。所以，只有通过普及教育、加大对农民的职业培训、加大对"三农"的教育和科研投入，才能实现农民人均实际收入的长期持续高速增长，才能真正解决农民增收问题。而目前中国的实际情况如何呢？

(1) 在基础教育中，农村小学和初中的生均经费都大大低于全国平均水平，1998 年农村小学生均经费 305.62 元，比全国小学生均经费低 65.17 元；当年农村初中生均经费 478.25 元，比全国初中生均经费低 132.4 元；2002 年，农村小学生均经费 708.39 元，比全国小学生均经费低 104.74 元；农村初中生均经费 795.84 元，比全国初中生均经费低 164.67 元。在初中和小学的公用经费中，农村中小学的公用经费水平更低。1998 年农村小学和中学生均经费为 23.02 元和 47 元，比全国分别低 11.33 元和 32.8 元；2002 年这个差距进一步扩大到分别低 17.48 元和 37.63 元[6]。

(2) 中国农村的职业教育薄弱。与其他国家相比，我国农业就业人口当中参加职业培训的比例相当低，差距很大。据资料表明，调查前一年内参加培训的比例，芬兰为 46%(1990 年)，美国为 38%(1991 年)，瑞士为 38%(1993 年)，挪威为 37%(1991 年)，瑞典为 36%(1993 年)，加拿大为 30%(1991 年)，法国为 27%(1992 年)，德国为 27%(1991 年)。而我国的情况是，许多农民终身没有接受过职业训练，也没有参加过任何培训活动。据统计，我国约半数的行政村没有建立农民文化技术学校，农村劳动者的年培训率只有 20% 左右。而且，在人才培训模式、教育内容和教学方法上都不同程度地存在着脱离农村实际的现象。可见，我国农村职业教育的现状难以满足"三农"的实际需要，正成为农民增收的"绊脚石"。

(3) 农业科研投入不足也是农民增收的一个主要障碍。中国目前每年对农业的科研投入为 600 多亿元，约占农业产值的 0.25%，而发达国家平均为 2.37%，发展中国家平均为 0.7%～1%。中国农业技术推广经费占农业 GDP 的比重也远远低于世界平均水平，这也造成我国农业科研成果的转化率只有 30%～40%。政府财政对农业科技投入的极低水平，严重制约了农业科技的进步(何振国，2005 年)。

五、结论及政策性建议

综合上述分析可以看出，中国农民人均实际收入的增长已经处于索洛增长模型的稳态水平，或者说如蔡昉等学者定义的“温饱陷阱”。若想跳出这个“陷阱”，从短期来看就需要提高储蓄率和加速农村劳动力的转移，这也是我国2004年年初颁布的中央“一号文件”能够收到立竿见影效果的原因。从长期来看则需要依靠技术进步来推动农民的增收。具体来讲，有以下几个途径。

(1) 通过金融体制改革疏通储蓄向投资的转化渠道以及通过加大政府对农业的投入、工业反哺农业[7]等途径提高储蓄率来提高实际投资水平，进而提高单位有效劳动的平均资本存量，最终实现农民人均实际收入增加的目的。

(2) 改革城乡户籍制度和土地流转制度，建立健全城乡合一的社会保障模式，彻底消除农业人口向第二、三产业转移的各种障碍，最终提高农民人均实际收入水平。

(3) 科教兴农是实现农民人均实际收入长久提高的根本。只有通过加大农村教育的普及、加强农民的职业培训、加大对“三农”的教育和科研投入，才能从根本上提高农民的素质，才能提高技术进步率，才是保证农民人均实际收入不断增长的长效机制。

资料来源：李华，吴云勇. 中国农民增收的内在决定因素研究[J]. 贵州社会科学，2007(7).

参考文献

[1] 蔡昉，王德文，都阳，等. 农村发展与增加农民收入[M]. 北京：中国劳动社会保障出版社，2006.
[2] 戴维·罗默. 高级宏观经济学[M]. 北京：商务印书馆，1999.
[3] 何振国. 财政支农规模与结构问题研究[M]. 北京：中国财政经济出版社，2005.
[4] 吴云勇. 我国就业结构与产业结构升级的不同步探因[J]. 改革，2007(3)：116-119.
[5] 王虎，范从来. 金融发展与农民收入影响机制的研究[J]. 经济科学，2006(6)：11-21.
[6] 李莉. 农民收入水平与受教育状况相关性分析[J]. 广西社会科学，2006(7)：166-169.
[7] 吴云勇，李华. 中国工业反哺农业的“推拉效应”分析[J]. 农业现代化研究，2007(1)：35-37.

第二部分

宏观经济学练习册

本练习册中的习题分为 4 个级别。

- 基础级别的题标示为①,对应的题库题为“容易”。
- 中等级别的题标示为②,对应的题库题为“中等”。
- 有较大难度的题标示为③,对应的题库题为“难”。
- 需要看更多资料拓展提高的题标示为 *,一般不在考试范围内。

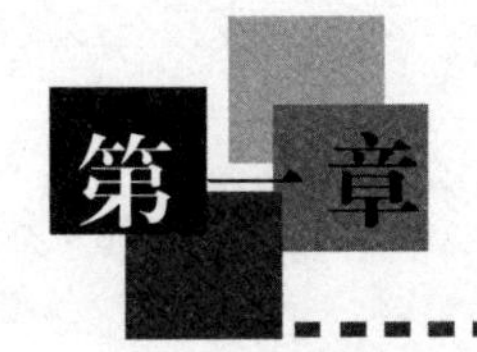

国民收入核算理论

一、名词解释

①1. 国内生产总值

①2. 国民生产总值

②3. 国民收入

②4. 个人收入

②5. 个人可支配收入

①6. 名义国内生产总值

①7. 实际国内生产总值

②8. 国内生产总值折算指数

①9. 最终产品

[1]10. 中间产品

[1]11. 重置投资

二、单项选择题

[1]1. GDP一般包括(　　)。

A. 当年生产的物质产品和劳务

B. 上年的存货

C. 本国公民创造的全部价值

D. 当年销售的全部最终产品和劳务

[2]2. 一国的国内生产总值小于国民生产总值,说明该国公民从外国取得的收入(　　)外国公民从该国取得的收入。

A. 大于　　B. 小于

C. 等于　　D. 可能大于也可能小于

[1]3. 一个国家的财富(　　)。

A. 仅仅包括物质产品　　B. 包括全部劳务价值

C. 包括物质产品和劳务　　D. 包括货币、物质产品和劳务

[1]4. 在一年中,如果产出没有被全部消费或售出时,则当年的国内生产总值(GDP)将(　　)。

A. 增加　　B. 保持不变

C. 减少　　D. 上述说法都不准确

[1]5. 在国民收入核算体系中,测度一定时期内所有最终产品和劳务的货币价值量的是(　　)。

A. 国民收入　　B. 国内生产总值

C. 国内生产净值　　D. 可支配收入总和

[1]6. 下列说法中不符合GDP特征的是(　　)。

A. 它是全部物品的价值测度　　B. 它测度最终产品

C. 它只适用给定时期　　D. 它没有计入生产过程中消耗的商品

[1]7. (　　)指标可由现期要素成本加总得到。

A. 国民收入　　B. 国内生产总值

C. 国民生产净值　　D. 国民生产总值

[3]8. 为从国民收入中获得个人收入,不用减去的一项是(　　)。

A. 社会保险基金　　B. 公债利息

C. 公司收入税　　D. 公司未分配利润

[2]9. 一个特定公司的价值增量等于(　　)。

A. 它的销售所得　　B. 它的利润
C. 它的销售所得减去中间成本　　D. 以上均不准确

③10. 有时 GDP 的折算指数增加而实际 GDP 下降，当这一现象发生时(　　)。
A. 名义 GDP 必增加
B. 名义 GDP 必下降
C. 名义 GDP 保持不变
D. 名义 GDP 可能增加或保持不变，甚至下降

①11. 已知某国的资本品存货在年初为 1 万亿元，它在本年度生产了 2 500 亿元的资本品，资本消耗折旧是 2 000 亿元，则该国在本年度的总投资和净投资分别是(　　)。
A. 2 500 亿元和 500 亿元　　B. 12 500 亿元和 10 500 亿元
C. 2 500 亿元和 2 000 亿元　　D. 7 500 亿元和 8 000 亿元

②12. 下列计入 GDP 的是(　　)。
A. 购买一辆二手车　　B. 购买普通股票
C. 汽车制造厂买进 10 个钢板　　D. 银行向某企业收取一笔贷款利息

③13. 在统计中，社会保险税增加对(　　)有影响。
A. 国内生产总值(GDP)　　B. 国内生产净值(NDP)
C. 国民收入(NI)　　D. 个人收入

②14. 按国民收入核算体系，在一个只有家庭、企业和政府机构的三部门经济系统中，必然有(　　)。
A. 家庭储蓄等于净投资
B. 家庭储蓄等于总投资
C. 家庭储蓄加消费等于总投资加政府支出
D. 家庭储蓄加税收等于总投资加政府支出

③15. 如果个人收入等于 570 元，而个人所得税等于 90 元，消费等于 430 元，利息支付总额为 10 元，个人储蓄为 40 元，个人可支配收入等于(　　)元。
A. 500　　B. 480　　C. 470　　D. 400

②16. 在一般情况下，国民收入核算体系中数值最小的是(　　)。
A. 国内生产净值　　B. 个人收入
C. 个人可支配收入　　D. 国民收入

③17. 作为经济财富的一种测度，GDP 的基本缺点是(　　)。
A. 它测度的是一国的生产而非消费
B. 它不能测度私人产出总量
C. 它不能测度与存货增加相联系的生产
D. 它所用的社会成本太多

③18. 已知消费额为 6 亿元，投资额为 1 亿元，间接税 1 亿元，政府用于商品和服务的支出额为 1.5 亿元，出口额为 2 亿元，进口额 1.8 亿元，那么下列正确的项是(　　)。
A. NNP=8.7 亿元　　B. GNP=7.7 亿元
C. GDP=8.7 亿元　　D. NDP=5 亿元

③19. 以下项目可被记为政府对产品或服务的购买,除了(　　)。

A. 购买新的飞机　　B. 低收入者按月收到的社会保证金

C. 兴建水利设施　　D. 增雇公务员

②20. 计入国内生产总值的有(　　)。

A. 家庭主妇劳务折合成的收入　　B. 拍卖毕加索作品的收入

C. 出售股票的收入　　D. 晚上为邻居照看儿童的收入

③21. 已知工资额为 10 亿元,消费为 9 亿元,利润额为 3 亿元,投资额为 2 亿元,出口额为 3 亿元,进口额为 2 亿元,所得税为 2 亿元,那么(　　)。

A. GDP=12 亿元　　B. 政府预算赤字 1 亿元

C. 政府预算有 1 亿元盈余　　D. 储蓄额 2.5 亿元

③22. 在计算 GDP 时会出现双重计算,假如统计学家打算加上(　　)。

A. 采矿业增加的净值和炼钢业增加净值

B. 面粉厂库存的净值和面包糕点厂库存的净值

C. 铁矿的总产出和铁的总产出

D. 购买消费服务的总额和生产资本货物的总额

③23. 经济增长总是以实际价格衡量的,因为(　　)。

A. 产出逐年变化

B. 逐年的实际 GDP 的差别太大

C. 逐年的名义 GDP 的差别太大

D. 价格水平逐年变化

③24. 在 GDP 统计中,投资包括(　　)。

A. 在该年中为政府生产的任何产品

B. 对该年中发行普通股的任何购买

C. 该年年底库存量比年初库存的任何增加

D. 由消费者购买但到该年年底并未全部消费的任何商品

③25. 在 GDP 统计中,负的总投资数字(　　)。

A. 可能永远不会出现

B. 可能出现,假如对楼房和设备的折旧总额足够大的话

C. 将会自动出现,假如在这一年中不建造楼房或设备的话

D. 可能由这一年中库存大幅度减少而引起

③26. 在 GDP 统计中,住房服务的价值(在此期间,住房被其所有者占据)(　　)。

A. 并未计入,因为房地产服务并不认为是生产

B. 并未计入,因为这种房地产服务包括在住房本身的价值中

C. 并未计入 GDP 中,但出现在采用对租金任意价值估算的 NDP 中

D. 计入采用对租金价值估算的 GDP 中

①27. 下列 4 项中,并非像其他 3 项那样属于国民收入核算的同一类的是(　　)。

A. 政府转移支付　　B. 企业的净利息支付

C. 租金收入　　D. 工资

①28. 在计算 GDP 的政府支出部分的规模时，所有的政府(　　)。

A. 计入用于商品和服务的支出

B. 计入用于商品的支出，不计入用于服务的支出

C. 计入用于最终商品和服务的支出，以及政府的全部转移支付

D. 计入转移支付，不计入用于商品和服务的支出

①29. 假如 1992 年的名义 GDP 为 3 600 亿元，并且假设在 1990—1992 年，价格水平上升了 20%，那么以 1990 年价格衡量，1992 年的 GDP 为(　　)亿元。

A. 3 000　　B. 3 200　　C. 3 400　　D. 3 600

③30. 在国民收入核算时，下面计算错误的是(　　)。

A. 消费和个人储蓄　　B. 净投资和消费

C. 政府购买和消费　　D. 政府购买和工资

①31. 国内生产总值与国内生产净值的差是(　　)。

A. 折旧　　B. 净投资　　C. 转移支付　　D. 净出口

①32. 政府购买支出是指(　　)。

A. 政府购买各种物品和劳务的支出　　B. 政府购买各种物品的支出

C. 政府购买各种劳务的支出　　D. 净出口

①33. 在国民收入核算中，最重要的核算是(　　)。

A. 国民收入(狭义)　　B. 个人收入

C. 国内生产总值　　D. 个人可支配收入

①34. 对政府雇员支付的报酬属于(　　)。

A. 转移支付　　B. 税收

C. 政府购买支出　　D. 投资

①35. 下列计入 GDP 的是(　　)。

A. 购买一辆用过的旧自行车　　B. 购买普通股票

C. 汽车制造厂买进 10 吨钢板　　D. 晚上为邻居照看儿童的收入

①36. 某留学生在俄罗斯做家教取得的收入应该计入(　　)。

A. 俄罗斯的 GNP　　B. 中国的 GDP

C. 中国的 GNP　　D. 俄罗斯的 GNP 和中国的 GDP

①37. 下列不应该计入国内生产总值的是(　　)。

A. 教师给学生讲课的收入　　B. 外教给学生讲课的收入

C. 学校管理人员的工资　　D. 教师给自己孩子补课未获得的收入

①38. 下列应该计入当年国内生产总值的是(　　)。

A. 当年生产的汽车　　B. 去年生产今年销售出去的汽车

C. 五年前生产的汽车　　D. 去年购买今年转卖给他人的汽车

③39. 下列变量不是流量的是(　　)。

A. 国内生产总值　　B. 国民收入

C. 个人财富　　D. 个人可支配收入

③40. GDP折算指数反映的是(　　)。

A. 相对于当年价格水平的基年价格水平

B. 相对于基年价格水平的当年价格水平

C. 基年价格水平

D. 当年价格水平

③41. 你父亲购买了一辆完全在德国生产的价值100万元的宝马车。这项交易在中国GDP账户中应该记录为(　　)。

A. 投资增加100万元,净出口增加100万元

B. 消费增加100万元,净出口减少100万元

C. 消费减少100万元

D. 投资增加100万元

③42. 你父亲购买了一辆完全在沈阳生产的价值100万元的宝马车。这项交易在中国GDP账户中应该记录为(　　)。

A. 投资增加100万元,净出口增加100万元

B. 消费增加100万元,净出口减少100万元

C. 消费增加100万元

D. 投资增加100万元

③43. 中国的GDP不应该包括的项是(　　)。

A. 由国内买者购买的律师劳务

B. 由国内买者购买的教师劳务

C. 从华为公司购买的手机

D. 从服装厂购买的棉花

①44. 一年内在本国领土所生产的最终产品的市场价值总和被称为(　　)。

A. 国民生产总值　　B. 国内生产总值

C. 国内生产净值　　D. 实际国内生产总值

①45. 在下列情形中,应该计入当年国内生产总值的是(　　)。

A. 当年生产的拖拉机

B. 去年生产而在今年销售出去的拖拉机

C. 去年购买而在今年转售给他人的拖拉机

D. 生产企业今年计划在明年生产的拖拉机

①46. 下列不列入国内生产总值核算的是(　　)。

A. 出口到国外的一批货物

B. 政府给贫困家庭发放的一笔救济金

C. 经纪人为一座旧房买卖收取的一笔佣金

D. 保险公司收到一笔家庭财产保险费

①47. 用支出法计算GDP时,居民购买住宅的支出应计入(　　)。

A. 消费支出　　B. 投资支出

C. 政府购买支出　　D. 不计入GDP

[1]48. 在下列项目中,(　　)不属于政府购买支出。

A. 地方政府办三所中学　　B. 政府给低收入者提供一笔住房补贴

C. 政府订购一批军火　　D. 政府给公务人员增加薪水

[1]49. 用支出法计算国内生产总值时,(　　)。

A. 将人们取得的收入加总

B. 将提供物质产品与劳务的各个部门的产值加总

C. 将各生产要素在生产中所得到的各种收入加总

D. 把购买各种最终产品所支出的货币价值加总

[2]50. 总投资大于零,则资本存量(　　)。

A. 增加　　B. 减少　　C. 不变　　D. 无法确定

[2]51. 净投资大于零,则资本存量(　　)。

A. 增加　　B. 减少　　C. 不变　　D. 无法确定

[2]52. 已知某国的资本品存量在年初为 10 000 亿元,它在本年度生产了 2 500 亿元的资本品,资本消耗折旧是 2 000 亿元。则该国在本年度的总投资和净投资分别是(　　)。

A. 2 500 亿元和 500 亿元　　B. 12 500 亿元和 10 500 亿元

C. 2 500 亿元和 2 000 亿元　　D. 7 509 亿元和 8 000 亿元

[1]53. 中国境内企业所雇用的美籍员工的工资收入应计入(　　)。

A. 中国的 GDP、美国的 GNP　　B. 中国的 GNP、美国的 GDP

C. 中国的 GDP、美国的 GDP　　D. 中国的 GNP、美国的 GNP

[1]54. 某国的 GNP 大于 GDP,说明该国居民从国外获得的收入(　　)外国居民从该国获得的收入。

A. 大于　　B. 小于　　C. 等于　　D. 无法判断

[1]55. 如果当期价格低于基期价格,那么(　　)。

A. 实际 GDP 等于名义 GDP　　B. 实际 GDP 小于名义 GDP

C. 实际 GDP 大于名义 GDP　　D. 实际 GDP 和名义 GDP 是同一回事

[1]56. 在国民收入核算体系中,计入 GDP 的政府支出是(　　)。

A. 政府购买物品的支出

B. 政府购买物品和劳务的支出

C. 政府购买物品和劳务的支出加上政府的转移支付之和

D. 政府工作人员的薪金加上政府的转移支付

三、判断题

(　　)[1]1. 国内生产总值中的最终产品是指有形的物质产品。

(　　)[1]2. 今年建成并出售的房屋的价值和去年建成而在今年出售的房屋的价值都应该计入今年的国内生产总值。

(　　)[1]3. 棉衣厂制作棉衣而买的棉花和居民购买的棉花都应计入国内生产总值。

(　　)[1]4. 同样的服装,在生产中作为工作服穿就是中间产品,而在日常生活中穿就是最终产品。

(　　)①5. 某人出售一幅旧油画所得到的收入应该计入当年的国内生产总值。

(　　)①6. 如果农民种植的蔬菜用于自己消费，则这些蔬菜的价值就无法计入国内生产总值。

(　　)①7. 国内生产总值减去折旧就是国内生产净值。

(　　)①8. 一栋老建筑物的销售额应计入国内生产总值中。

(　　)②9. 销售一栋建筑物的房地产经纪商的佣金应加到国内生产总值中。

(　　)②10. 当价值增值法被用来统计产出商品的价值时，不存在重复计算的问题。

(　　)②11. 折旧费用是个人可支配收入的一部分。

(　　)②12. 作为衡量一国生活水平的指标，名义国内生产总值是可获得的最好统计数据。

(　　)②13. 若一国人口迅速增长，为保证人民生活水平不致下降，GDP 必须以同样快的速度增长。

(　　)②14. 住宅建筑是消费者的耐用品，在国民收入账户中，被作为消费支出处理。

(　　)②15. 一般而言，出口减少国民收入，而进口创造国民收入。

(　　)②16. 按照收入法核算国民收入，不应该包括非公司企业主收入。

(　　)②17. 在国民收入核算中，净投资可以为负，但总投资无论如何都不能为负。

(　　)②18. 在国民收入核算中，产出等于收入。

(　　)②19. 在国民收入核算中，产出等于支出。

(　　)②20. 用生产法、收入法和支出法核算的 GDP 必然是相等的。

(　　)②21. 社会保险税的增加不会影响 PI 和 DPI。

(　　)②22. 储蓄—投资恒等式意味着实际的储蓄总等于实际的投资。

(　　)①23. 当你决定去看电影而不是在图书馆里看书消磨周末的时候，GDP 将增加。

(　　)②24. 在四部门经济中，储蓄—投资恒等式中的“储蓄”的含义是私人储蓄。

(　　)②25. 一国名义 GDP 的变动是由该国所生产的物品和劳务的数量变动引起的。

(　　)②26. 名义 GDP 和实际 GDP 的区别在于实际产出的不同。

(　　)①27. 国内生产总值和国民生产总值是相等的。

四、计算题

②1. 已知某国生产三种产品的成本和价格如练习册表 1-1 所示。

练习册表　1-1

生产阶段	产品价格	中间产品成本	增值
棉花	100	—	
棉布	120		
棉衣			30

(1) 填表。
(2) 最终产品棉衣的价值是多少?
(3) 如果不区分中间产品和最终产品,按各个阶段产值计算,总产值是多少?
(4) 在各个阶段的增值共为多少?
(5) 重复计算即中间产品成本为多少?

[3] 2. 已知某国某年国民收入情况如下。
工资:100亿元;
间接税减津贴:10亿元;
利息:10亿元;
消费支出:90亿元;
租金:30亿元;
投资支出:60亿元;
利润:20亿元;
政府用于商品的支出:30亿元;
出口额:60亿元;
进口额:70亿元;
政府的转移支付:5亿元;
所得税:30亿元。
请计算:
(1) 按收入法计算GDP。
(2) 按支出法计算GDP。
(3) 计算政府预算赤字。
(4) 计算储蓄额。
(5) 计算进出口盈亏。

[3] 3. 根据下列统计资料(练习册表 1-2),计算国内生产总值(GDP)、国内生产净值(NDP)、国民收入(NI)、个人收入(PI)及个人可支配收入(DPI)。

练习册表 1-2 单位:亿元

项　目	金额	项　目	金额
净投资	125	政府购买	200
净出口	15	社会保险金	130
储蓄	25	个人消费支出	500
资本折旧	50	公司未分配利润	100
政府转移支付	120	公司所得税	50
企业间接税	75	个人所得税	80

[3] 4. 假定一国有下列国民收入,统计资料如练习册表 1-3 所示。

练习册表 1-3 单位:亿元

项　目	金额	项　目	金额
国内生产总值	4 800	消费	3 000
总投资	800	政府购买	960
净投资	300	政府预算盈余	30

试计算:

(1) 国内生产净值。

(2) 净出口。

(3) 政府税收减去政府转移支付后的收入。

(4) 个人可支配收入。

(5) 个人储蓄。

②5. 假定某经济有 A、B、C 三厂商，A 厂商年产值 5 000 万元，卖给 B、C 和消费者，其中卖给 B 200 万元，卖给 C 2 000 万元，其余 2 800 万元卖给消费者。B 年产值 500 万元，直接卖给消费者。C 年产值 6 000 万元，其中 3 000 万元由 A 购买，其余由消费者买。

(1) 假定中间投入在生产中都用光，计算价值增加。

(2) 计算 GDP。

(3) 如果只有 C 有 500 万元折旧，计算国民收入。

①6. 假设某国某年发生了以下活动：①一银矿公司支付 7.5 万元工资给矿工开采了 50 千克银卖给一银器制造商，售价 10 万元；②银器制造商支付 5 万元工资给工人加工一批项链卖给消费者，售价 40 万元。

(1) 用最终产品生产法计算 GDP。

(2) 每个生产阶段生产了多少价值？用增值法计算 GDP。

(3) 在生产活动中赚得的工资和利润各共为多少？用收入法计算 GDP。

(4) 你能得出什么结论？

①7. 某经济社会只生产面包和苹果两种商品。基年为 2003 年，练习册表 1-4 给出产量和价格。

练习册表　1-4

物品	数　量		价　格	
	2003 年	2004 年	2003 年	2004 年
面包	1 000 个	1 100 个	2 元/个	4 元/个
苹果	500 斤	550 斤	10 元/斤	8 元/斤

计算该经济社会的：

(1) 2003 年和 2004 年的名义 GDP 和实际 GDP。

(2) 2004 年的实际 GDP 增长率。

(3) 2004 年的 GDP 折算指数。

[1]8. 假设某国只生产面包和上衣两种最终产品。2003 年(基期)和 2004 年(当期)的产量和价格如练习册表 1-5 所示。

练习册表 1-5

年份	面包		上衣	
	数量/500g	价格/(元/500g)	数量/万件	价格/(元/件)
2003	15 万	1.5	5	40
2004	20 万	2.0	6	50

计算该国的:

(1) 2003 年和 2004 年的名义 GDP 和实际 GDP。

(2) 2004 年的实际 GDP 增长率。

(3) 2004 年的 GDP 折算指数。

五、分析讨论题

[1]1. 下列项目是否计入 GDP?

(1) 政府转移支付。

(2) 购买一辆用过的卡车。

(3) 购买普通股票。

(4) 购买一块地产。

(5) 购买一块面包。

[1]2. 如果 2020 年的名义 GDP 大于 2019 年的名义 GDP,真实产量一定增加了吗? 物价一定上涨了吗?

[1]3. 如何理解国内生产总值?

[2]4. 为什么存货会被算作资本,而存货变动会被算作投资?

[1]5. 为什么政府转移支付不计入 GDP?

②6. 如何用不变价格计算实际 GDP？说明它如何反映物价变动？

②7. 为什么人们购买债券和股票从个人来说可算作投资，但在经济学上却不能称为投资？

②8. 为什么计入 GDP 的只能是净出口而不是出口？

①9. 为什么政府给公务员发工资要计入 GDP，而给灾区或困难人群发的救济金不计入 GDP？

③10. 为什么企业向政府缴纳的间接税（如营业税）也计入 GDP？

[3]11. 为什么人们从公司债券中得到的利息应计入 GDP,而从政府公债中得到的利息不计入 GDP?

[1]12. 怎样理解“产出=收入=支出”?

[2]13. 总投资增加时,资本存量就增加的说法是否正确?

六、论述题

* 储蓄投资恒等式为什么并不意味着计划储蓄总等于计划投资？

七、综合分析题

[①] 1. 请指出以下各项交易是否能计入我国的GDP。如果能，请说明其分别是GDP中的消费、投资、政府购买及净出口中的哪一部分；如果不能，请说明原因。

(1) 国内消费者购买一台二手的海信电视机。

(2) 国内投资者购买2 000股海信电器股票。

(3) 海信电器库存电视机增加1万台。

(4) 俄罗斯政府购买1 000台新的海信电视机。

(5) 政府向海信公司的下岗工人提供失业救济金。

[①] 2. 人均GDP是一个国家或地区的GDP与当地人口总数的比值，是衡量当地人民生活水平的一个指标。假如有一天，你正在与你父亲一起看新闻报道。新闻主持人指出，2019年利比里亚人均GDP约为650美元(实际是621美元)，你父亲知道2019年美国的人均GDP约为65 000美元(实际是65 297美元)，因此他认为美国的物质生活比阿富汗好100倍。

思考：

(1) 你父亲的说法准确吗？

(2) 举例子说明，在美国和利比里亚的 GDP 中都没有包括哪些类型生产？

(3) 为什么不包括这种类型生产对利比里亚的 GDP 影响大于美国？

(4) 这意味着实际上利比里亚居民的物质生活和美国居民同样好吗？

①3. 假定某国只生产两种商品：笔和书，基年是 2007 年，生产情况如练习册表 1-6 所示。

练习册表　1-6

年份	笔的价格/元	笔的数量/支	书的价格/元	书的数量/本
2018	3	100	10	50
2019	3	120	12	70
2020	4	120	14	70

(1) 2019 年名义 GDP 是(　　)元。

A. 800　　B. 1 060　　C. 1 200　　D. 1 460

(2) 2019 年实际 GDP 是(　　)元。

A. 800　　B. 113　　C. 116　　D. 119

(3) 2019 年 GDP 折算指数的值是(　　)元。

A. 100　　B. 1 060　　C. 1 200　　D. 1 460

(4) 从 2018 年到 2019 年，物价上涨了(　　)。

A. 0　　B. 13%　　C. 16%　　D. 22%

(5) 从 2019 年到 2020 年，物价上涨了(　　)。

A. 0　　B. 13%　　C. 16%　　D. 22%

(6) 从 2019 年到 2020 年，真实 GDP 增加的百分比是(　　)。

A. 0　　B. 7%　　C. 22%　　D. 27%

①4. 某出版社出版了一本《宏观经济学》教科书。决定下述各项交易是否应计入一国的 GDP，如果计入，说明属于哪一类。将所属类别的代码填入每小题前的括号内。

A 表示应计入 GDP 的个人消费支出,B 表示应计入 GDP 的私人投资支出,C 表示应计入 GDP 的政府购买支出,D 表示应计入 GDP 的净出口,E 表示不应计入 GDP。

(　　)(1) 你从书店购买的该教科书。

(　　)(2) 你从朋友那儿购买的他已用过的该教科书。

(　　)(3) 你所在学校的图书馆从出版社购买了 300 本新的该教科书。

(　　)(4) 印刷厂购买了两吨白纸用于印刷该教科书。

(　　)(5) 印刷厂购买了一台新的印刷机用于印刷该教科书。

(　　)(6) 你仔细研读了该教科书,以此增进了你对宏观经济学的了解。

(　　)(7) 该出版社今年印了 500 本该教科书,但还未出售。

(　　)(8) 新加坡某大学采用该教科书,新加坡的学生购买了 100 本该教科书。

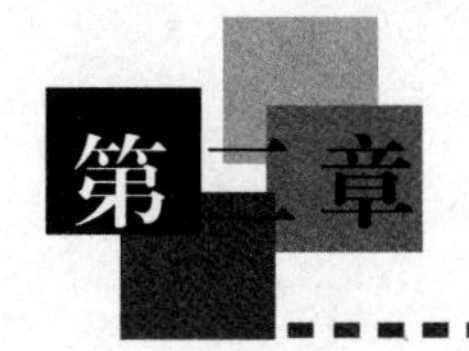

简单国民收入决定理论

一、名词解释

[①]1. 均衡产出

[①]2. 边际消费倾向

[①]3. 平均消费倾向

[①]4. 边际储蓄倾向

[①]5. 平均储蓄倾向

[①]6. 投资乘数

[②]7. 税收乘数

[②]8. 平衡预算乘数

[②]9. 政府购买支出乘数

[2]10. 政府转移支出乘数

二、单项选择题

[1]1. 宏观经济学的中心理论是(　　)。

A. 经济增长理论　　B. 国民收入核算理论
C. 国民收入决定理论　　D. 通货膨胀理论

[1]2. 当宏观经济均衡时,(　　)。

A. 经济实现了充分就业
B. 总需求曲线与短期总供给曲线的垂直部分相交
C. 经济的产量达到其物质限制
D. 社会总需求量等于社会总供给量

[2]3. 在两部门经济中,均衡发生于(　　)之时。

A. 实际储蓄等于实际投资
B. 实际的消费加实际的投资等于产出
C. 计划储蓄等于计划投资
D. 计划消费等于计划投资

[1]4. 如果与可支配收入无关的消费为300亿元,投资为400亿元。平均储蓄倾向为0.1,那么在两部门经济的情况下,均衡收入水平为(　　)亿元。

A. 770　　B. 4 300　　C. 3 400　　D. 7 000

[1]5. 根据凯恩斯消费函数,引起消费增加的因素是(　　)。

A. 价格水平下降　　B. 收入增加
C. 储蓄增加　　D. 利息率下降

[1]6. 如果消费函数为$C=100+0.8(Y-T)$,税收和政府支出都增加1美元时,均衡收入将(　　)。

A. 保持不变　　B. 增加3美元　　C. 增加1美元　　D. 减少4美元

[1]7. 若政府购买增加10万元,使国民收入增加了100万元,则此时的边际消费倾向是(　　)。

A. 1　　B. 0.1　　C. 0.9　　D. 0.5

[2]8. 如果消费函数为线性时,边际消费倾向(MPC)小于平均消费倾向(APC),那么随着可支配收入的增加(　　)。

A. APC下降　　B. APC上升　　C. MPC下降　　D. MPC上升

[1]9. 居民的收支相抵点是消费曲线(　　)。

A. 与纵轴的交点　　B. 与横轴的交点
C. 与45°线的交点　　D. 与原点的交点

[2]10. GDP的均衡水平与充分就业的GDP水平的关系是(　　)。

A. 两者完全相等

B. 除了特殊的失衡状态，GDP 的均衡水平通常就意味着是充分就业时的 GDP 水平

C. GDP 的均衡水平完全不可能是充分就业的 GDP 水平

D. GDP 的均衡水平可能是也可能不是充分就业的 GDP 水平

①11. 假定边际消费倾向为 60%，政府同时增加 30 万美元的支出和税收，将使国民收入(　　)。

A. 增加 30 万美元　　B. 增加 60 万美元

C. 不变　　D. 增加

①12. (　　)不属于总需求。

A. 政府支出　　B. 税收　　C. 净出口　　D. 投资

①13. 边际储蓄倾向若为 0.25，则边际消费倾向为(　　)。

A. 0.25　　B. 0.75　　C. 1.0　　D. 1.25

①14. 当国民收入增加时，总支出(　　)。

A. 增加，增加量等于国民收入的增加量

B. 减少，减少量小于国民收入的增加量

C. 增加，增加量小于国民收入的增加量

D. 增加，增加量大于国民收入的增加量

①15. 假设可支配收入等于 20 000 美元时，消费等于 18 000 美元。当可支配收入增加到 22 000 美元时，消费就增加到 19 200 美元，那么边际消费倾向和边际储蓄倾向分别等于(　　)。

A. 0.6，0.4　　B. 0.4，0.6　　C. 0.8，0.2　　D. 0.2，0.8

①16. 以下 4 种情况乘数最大的是(　　)。

A. MPC＝0.6　　B. MPC＝0.4　　C. MPC＝0.9　　D. MPC＝0.2

②17. 政府购买乘数 K_g、政府转移支付乘数 K_{TR} 和税收乘数 K_T 的关系是(　　)。

A. $K_g > K_T > K_{TR}$　　B. $K_T > K_T R > K_g$

C. $K_{TR} > K_g > K_T$　　D. $K_g > K_{TR} > K_T$

①18. 假设可支配收入增加 50 美元，消费支出增加 45 美元，则边际储蓄倾向是(　　)。

A. 0.05　　B. 0.10　　C. 0.90　　D. 1.00

①19. (　　)变量对国民收入有同样大的乘数作用。

A. 政府购买支出和出口　　B. 政府购买支出和政府减税

C. 政府减税和投资　　D. 政府购买支出和投资

①20. 假定某个经济社会目前的均衡国民收入为 5 500 亿美元，如果政府要把国民收入提高到 6 000 亿美元，在 MPC 等于 90%的条件下，应增加支出(　　)亿美元。

A. 500　　B. 50　　C. 10　　D. 100

②21. 能使国民收入增加得最多的是(　　)。

A. 政府对高速公路的养护开支增加 250 亿美元

B. 政府转移支付增加 250 亿美元

C. 个人所得税减少 250 亿美元

D. 企业储蓄减少 250 亿美元

③22. 假定边际消费倾向等于 0.8,税收为比例税 $t=0.25$,则政府同时增加 20 万美元的支出和税收时,将使国民收入( )。

A. 增加 10 万美元　　B. 保持不变

C. 增加 12 万美元　　D. 减少 20 亿美元

①23. 三部门经济中,总需求的表达式为( )。

A. 总需求=消费+政府支出+投资+净出口

B. 总需求=消费+储蓄+税收

C. 总需求=消费+投资+出口

D. 总需求=消费+投资+政府购买

①24. 如果转移支付增加 100 亿元,而 MPS=0.4,则( )。

A. 消费增加 60 亿元　　B. 消费减少 60 亿元

C. 总需求函数上移 100 亿元　　D. 总需求函数下移 100 亿元

①25. 四部门经济与三部门经济相比,乘数效应( )。

A. 变大　　B. 变小

C. 不变　　D. 前三种均有可能,不能确定

②26. 在四部门经济中,净出口( )。

A. 不随国民收入的变化而变化　　B. 随国民收入的下降而下降

C. 随国民收入的下降而上升　　D. 视为固定

③27. 已知某个经济充分就业的国民收入是 4 000 亿美元,实际的均衡国民收入是 3 800 亿美元。假定边际储蓄倾向为 25%,增加 100 亿美元投资支出将使它( )。

A. 达到充分就业的均衡　　B. 出现 50 亿美元的通货膨胀缺口

C. 出现 200 亿美元的通货膨胀缺口　　D. 出现 50 亿美元的通货紧缩缺口

③28. 某个经济的国民收入处于充分就业的均衡状态,其数额为 2 000 亿美元。假设再增加 100 亿美元的投资,通货膨胀缺口为( )。

A. 大于 100 亿美元　　B. 100 亿美元

C. 小于 100 亿美元　　D. 无法确定

③29. 在四部门经济中,假定净出口函数是 $X=X_0-mY$,净出口余额为零,则增加投资支出将使( )。

A. 净出口余额和收入都增加

B. 收入不受影响增加,但净出口余额变为负值

C. 收入增加,但对净出口余额没有影响

D. 收入增加,但净出口余额变为负值

①30. 引致消费取决于( )。

A. 自发消费　　B. 收入和边际消费倾向

C. 边际储蓄倾向　　D. 收入

①31. 根据简单国民收入决定模型,引进国民收入减少的原因是( )。

A. 消费减少　B. 储蓄减少　C. 投资减少　D. 消费增加

①32. 根据凯恩斯消费函数,引进消费减少的因素主要是(　　)。

A. 收入减少　B. 储蓄减少

C. 投资减少　D. 价格水平下降

①33. 根据凯恩斯储蓄函数,引进储蓄减少的因素主要是(　　)。

A. 收入减少　B. 投资增加　C. 投资减少　D. 利息率下降

②34. 如果 MPS=0.2,则税收乘数(定量税)的值为(　　)。

A. 5　B. 8　C. −4　D. −5

②35. 如果政府支出乘数为 8,则税收乘数(定量税)的值为(　　)。

A. 5　B. 8　C. −7　D. −8

③36. 凯恩斯提出了(　　)。

A. 绝对收入消费理论　B. 相对收入消费理论

C. 永久收入消费理论　D. 生命周期消费理论

③37. 杜森贝利提出了(　　)。

A. 绝对收入消费理论　B. 相对收入消费理论

C. 永久收入消费理论　D. 生命周期消费理论

③38. 弗里德曼提出了(　　)。

A. 绝对收入消费理论　B. 相对收入消费理论

C. 永久收入消费理论　D. 生命周期消费理论

③39. 莫迪利安尼提出了(　　)。

A. 绝对收入消费理论　B. 相对收入消费理论

C. 永久收入消费理论　D. 生命周期消费理论

①40. 平衡预算乘数的值(　　)。

A. 等于 1　B. 大于 1　C. 小于 1　D. 等于 0

①41. MPC+MPS (　　)。

A. 等于 1　B. 大于 1　C. 小于 1　D. 等于 0

①42. APC+APS (　　)。

A. 等于 1　B. 大于 1　C. 小于 1　D. 等于 0

①43. 边际储蓄倾向若为 0.25,则边际消费倾向为(　　)。

A. 0.25　B. 0.75　C. 1.0　D. 1.25

②44. 当消费函数为 $C=\alpha+\beta Y$,α、$\beta>0$ 时,这表明,平均消费倾向(　　)。

A. 大于边际消费倾向　B. 小于边际消费倾向

C. 等于边际消费倾向　D. 以上三种情况均可能

②45. 如果边际消费倾向为 0.8,政府购买支出增加 200 亿元,则可以使国民收入(　　)。

A. 增加 200 亿元　B. 减少 200 亿元

C. 增加 1 000 亿元　D. 减少 1 000 亿元

①46. 边际消费倾向变大,会使投资乘数(　　)。

A. 变大　B. 变小　C. 不变　D. 不确定

②47. 如果边际储蓄倾向为0.25，政府减税120亿元，可以预期，这将导致均衡国民收入增加(   )亿元。

A. 30　　B. 120　　C. 360　　D. 480

②48. 设边际消费倾向为0.8，如果政府购买支出增加100亿元，同时税收增加100亿元，则会使国民收入(   )。

A. 变大　　B. 变小　　C. 不变　　D. 不确定

②49. 如果边际储蓄倾向为0.3，投资支出增加60亿元，可以预期，这将导致均衡国民收入增加(   )亿元。

A. 20　　B. 60　　C. 180　　D. 200

②50. 一个家庭当其收入为零时，消费支出为2 000元；当其收入为6 000元时，其消费支出为6 000元。在图形上，消费和收入之间成一条直线，则其边际消费倾向为(   )。

A. 2/3　　B. 3/4　　C. 4/5　　D. 1

②51. 假如某国目前的均衡国民收入为5 500亿元。若政府要把国民收入水平提高到6 000亿元，在边际消费倾向等于90%的条件下，应增加政府支出(   )亿元。

A. 50　　B. 450　　C. 500　　D. 540

②52. 如果消费函数为$C=100+0.8(Y-T)$，那么税收和政府支出同时增加50亿元，均衡收入将(   )。

A. 增加50亿元　　B. 增加200亿元
C. 增加250亿元　　D. 保持不变

②53. 当边际消费倾向为0.8，税率为25%时，若政府转移支付增加50亿元，这将使政府预算盈余(   )。

A. 减少50亿元　　B. 增加25亿元
C. 减少25亿元　　D. 增加50亿元

②54. 投资乘数在(   )的情况下较大。

A. 边际消费倾向较大　　B. 边际消费倾向较小
C. 边际储蓄倾向较大　　D. 通货膨胀率较高

②55. (   )可能使国民收入增加最多。

A. 政府增加基础设施投入100亿元
B. 政府增加转移支付100亿元
C. 政府减少个人所得税100亿元
D. 在税率为33%的情况下，政府增加购买和税收各100亿元

三、判断题

(   )①1. 自发消费随着收入的变动而变动，它取决于收入和边际消费倾向。

(   )①2. 当产品市场处于均衡时，边际消费倾向必然等于边际储蓄倾向。

(   )①3. 如果实际储蓄等于实际投资，那么实际经济处于均衡状态。

(   )①4. 如果边际消费倾向为0.75，那么储蓄函数比消费函数陡。

(   )①5. 如果边际消费倾向为0.75(税收为定量税)，那么投资乘数为4。

(　　)[①]6. 如果边际消费倾向为0.75(税收为定量税),那么政府支出乘数为4。

(　　)[②]7. 如果边际消费倾向为0.75,平衡预算上升100,那么实际收入上升75。

(　　)[②]8. 如果边际消费倾向为0.75,税收上升100,那么实际收入下降300。

(　　)[②]9. 在均衡公式 $S+T=I+G$ 中,储蓄一定等于投资,税收一定等于政府支出。

(　　)[②]10. 税收和政府转移支付都将由于它们对可支配收入的影响而影响消费。

(　　)[②]11. 政府购买的变化直接影响总需求,但税收和转移支付则是通过它们对私人消费和投资的影响间接影响总需求。

(　　)[②]12. 若消费函数为 $C=0.85Y$,则边际消费倾向表示新增货币收入85%用于消费。

(　　)[②]13. 增加转移支付将增加国内生产总值。

(　　)[②]14. 边际储蓄倾向越大,政府购买变动对国内生产总值的影响就越大。

(　　)[②]15. 若一国可支配收入的92.2%用于消费支出,则7.8%用于储蓄。

(　　)[②]16. 政府将增加的税收无论用于增加政府购买还是转移支付,结果都会使均衡收入提高。

(　　)[①]17. 边际消费倾向和边际储蓄倾向之和等于1。

(　　)[①]18. 一般边际消费倾向总是大于0小于1。

(　　)[①]19. 平均消费倾向总是大于0小于1。

(　　)[①]20. 平均消费倾向总是大于边际消费倾向。

四、计算题

[①]1. 假设两部门经济中,消费函数为 $C=120+0.8Y$。

(1) 消费水平达到1 120时,国民收入应为多少?

(2) 边际消费倾向和边际储蓄倾向各为多少?

(3) 当国民收入为3 000时,消费水平为多少?

[①]2. 当国民收入为1 500亿元时,储蓄为500亿元,当收入增加到2 000亿元时,储蓄为800亿元。请计算边际消费倾向、边际储蓄倾向及乘数。

[1]3. 已知 $C=50+0.75Y$，$I=150$(单位：亿元)。

(1) 均衡收入、消费、储蓄和投资各为多少？

(2) 若投资增加 25，在新的均衡下，收入、消费和储蓄各为多少？

(3) 如果消费函数的斜率增大或减小，乘数有何变化？

[2]4. 某国经济目前均衡国民收入为 5 000 亿美元。如果政府要把国民收入提高到 6 000 亿美元，可通过增加投资支出、增加转移支付或减少税收等手段。试计算在边际消费倾向等于 0.8 的条件下，应该：

(1) 增加多少投资支出？

(2) 增加多少转移支付？

(3) 减少多少税收？

[2]5. 假定某两部门经济社会的消费函数为 $C=100+0.8Y$，投资为 50(单位：亿元)。

(1) 求均衡收入、消费和储蓄。

(2) 如果当时实际产出(即收入)为 800，试求企业非意愿存货积累为多少？

(3) 若投资增至 100，试求增加的收入。

(4) 若消费函数变为 $C=100+0.9Y$，投资仍为 50，收入和储蓄各为多少？投资增至 100 时收入增加多少？

(5) 消费函数变动后，乘数有何变化？

[②] 6. 假设某经济社会的消费函数为 $C=100+0.8Y$，投资支出 $I=50$，政府购买 $G=200$，政府转移支付 $\mathrm{TR}=62.5$，税收 $T=250$，求：

（1）均衡的国民收入。

（2）投资乘数、政府购买乘数、税收乘数、转移支付乘数、平衡预算乘数。

* 7. 假设某经济社会的消费函数为 $C=100+0.8Y$，投资支出 $I=50$，政府购买 $G=200$，政府转移支付 $\mathrm{TR}=62.5$，税率 $t=0.25$，也就是说税收 $T=tY=0.25Y$。

（1）求均衡的国民收入。

（2）求投资乘数、政府购买乘数、税收乘数、转移支付乘数和平衡预算乘数。

（3）说明为什么本题中的各种乘数与上题中的各种乘数不相等。

（4）假定该社会达到充分就业所需要的国民收入为 1 200，试问：①增加政府购买；②减少税收；③增加政府购买和税收同一数额，以实现充分就业，各需多少数额？

* 8. 某国边际消费倾向为 3/4，国民收入紧缩缺口为 400 亿元，充分就业的国民收入水平为 2 000 亿元。试问：

（1）实际国民收入均衡水平是多少？

（2）若政府减税 40 亿元。此时，政府支出还需增加多少才能实现充分就业的国民收入均衡？

[3] 9. 在三部门经济中，已知消费函数为 $C=100+0.9Y_d$，投资 $I=300$ 亿元，政府购买 $G=160$ 亿元，税收 $T=0.2Y$。试求：

(1) 均衡的国民收入水平。

(2) 政府购买乘数。

(3) 若政府购买增加到 300 亿元时，新的均衡国民收入。

[1] 10. 设有下列经济模型 $Y=C+I+G$，$I=80$，$C=100+0.6Y$，$G=60$。试求：

(1) Y、C 的均衡值。

(2) 投资乘数。

(3) 平均消费倾向。

[2] 11. 某经济社会的消费函数 $C=100+0.8Y$，投资 $I=50$。

(1) 求均衡收入、消费和储蓄。

(2) 如果当时实际产出(即收入)为 800，试求企业非意愿存货积累为多少？

(3) 若投资增加至 100，试求增加的收入。

[2]12. 如果在一国经济中，实际产出(即收入)为 5 000，自发性消费 $\alpha=250$，边际消费倾向 $\beta=0.75$，投资 $I=500$，政府购买 $G=500$。

(1) 均衡国民收入、消费、储蓄分别是多少？投资乘数是多少？

(2) 如果当时实际产出为 6 000，国民收入将如何变化？为什么？

[3]13. 设有下列简单经济模型：

国民收入 $Y=C+I+G$，消费函数 $C=80+0.75Y_d$，可支配收入 $Y_d=Y-T$，税收 $T=-20+0.2Y$，投资 $I=165$，政府购买支出 $G=200$。

根据上述模型，求国民收入、消费、储蓄、税收的均衡值及投资乘数。

[3]14. 某经济社会的消费函数 $C=100+0.8Y_d$，投资 $I=50$，政府购买支出 $G=200$，政府转移支出 $TR=62.5$，税率为 $t=0.25$，$T_0=0$。试求：

(1) 均衡的国民收入。

(2) 在均衡的收入水平下，政府预算盈余(或赤字)。

(3) 投资乘数、政府购买乘数、税收乘数、转移支付乘数、平衡预算乘数。

*15. 假定某人消费函数为 $C=200+0.9Y_p$，Y_p 是永久收入，而永久收入为当前收入 Y_d 和过去收入 Y_{d-1} 的如下加权平均值：$Y_p=0.7Y_d+0.3Y_{d-1}$。

（1）假定第 1 年和第 2 年的可支配收入为 6 000 元，第 2 年的消费是多少？

（2）假定第 3 年的可支配收入增加到 7 000 元，并在以后年份保持在 7 000 元，第 3 年和第 4 年的消费分别是多少？

五、分析讨论题

[①]1. 根据简单的国民收入决定模型，均衡的国民收入是如何决定的？又是如何变动的？

[①]2. 什么是凯恩斯定律？凯恩斯定律提出的社会经济背景是什么？

[①]3. 45°线在均衡国民收入分析中发挥什么作用？

[②] 4. 能否说如果边际消费倾向递减，平均消费倾向也一定递减？反之，平均消费倾向递减，边际消费倾向也一定递减？

[②] 5. 如果消费的变化是国民收入变化带来的，那么这样的消费和自发投资对国民收入是否有同样大的影响？

[②] 6. 凯恩斯的短期消费函数的形式和特点是什么？

[②] 7. 在两部门经济里，为什么使用收入—支出法和储蓄—投资法所得到的均衡的国民收入是一样的？

[②]8. 有的学生问："我难以理解宏观经济学。有时收入变化似乎引起消费变化，有时消费变化似乎引起收入变化，不知哪个对？"

[②]9. 为何边际消费倾向越大，乘数就越大？

*10. 如果某个国家已实现了充分就业，该国增加投资支出还具有乘数效应吗？为什么？

[②]11. 在凯恩斯收入决定论中，收入水平是如何决定的？利息率的变动对此有什么作用？

*12. 膨胀性缺口和紧缩性缺口的关系是什么？

②13. 节俭在什么情况下对社会有害,在什么情况下对社会有利?

②14. 有时候一些西方经济学家断言,将一部分国民收入从富者转给贫者,将提高总收入水平,你认为他们的理由是什么?

*15. 充分就业赤字是如何计算出来的?它将比实际赤字高还是低?为什么?

③16. 假定有两个老太太都有购房行为,其中一个老太太说,我积累了一辈子钱,昨天总算买了一套房,住了一夜就来到天堂;另一位老太太说,我也很辛苦,住了一辈子的房,直到昨天才还清买房的贷款,今天就来到天堂。如果真有这样两位老太太,你认为哪位老太太聪明些?为什么?

六、论述题

[①]1. 凯恩斯关于消费函数的三个猜想是什么？

[②]2. 举例说明，税收、政府购买和转移支付这三者对总支出的影响方式有何区别？

七、综合分析题

[①] 1. 用宏观消费和储蓄理论分析我国现阶段消费不足和储蓄过度的原因。请你对增加国内消费需求提出建议。

[③] 2. 在报章杂志上经常看到，一个国家保持较高的储蓄率有助于使该国保持较高的发展速度。但按照凯恩斯观点，增加储蓄会导致均衡收入的减少。如何理解这个问题？什么是“节俭的悖论”？试论述。

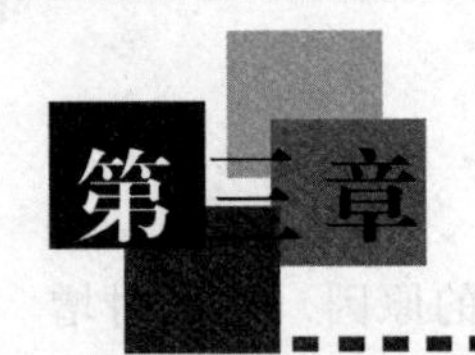

第三章 产品市场与货币市场的一般均衡

一、名词解释

①1. 资本边际效率

②2. 投资的边际效率曲线

①3. 凯恩斯的货币理论

①4. 产品市场的均衡

①5. IS 曲线

②6. 流动性偏好

①7. 交易动机

[1] 8. 谨慎(预防)动机

[1] 9. 投机动机

[2] 10. 货币的交易需求

[1] 11. LM 曲线

[1] 12. IS-LM 模型

[2] 13. 货币供给

二、单项选择题

[②]1. 货币供给量增加使 LM 曲线右移，表示(　　)。

A. 同一利息率水平下的收入增加

B. 利息率不变，收入减少

C. 同一收入水平下的利率提高

D. 收入不变，利息下降

[①]2. IS 曲线倾斜表示(　　)之间的关系。

A. 利率与利率影响下的均衡收入

B. 收入与收入影响下的均衡利率

C. 商品与货币市场均衡的收入与利率

D. 政府购买与收入

[②]3. 在萧条经济中，自发性支出增加，则在各个可能利率上的产出(　　)。

A. 增加　　B. 减少　　C. 不变　　D. 不确定

[②]4. 若边际消费倾向提高，则 IS 曲线(　　)。

A. 横轴截距增加　　B. 横轴截距减少

C. 纵轴截距增加　　D. 纵轴截距减少

[②]5. 政府支出的增加使 IS 曲线(　　)。

A. 向左移动　　B. 向右移动　　C. 保持不动　　D. 斜率增大

[②]6. 水平的 LM 曲线表示(　　)。

A. 利息率对货币需求影响最大　　B. 利息率对货币需求影响最小

C. 货币需求对利息率的影响最大　　D. 货币需求对利息率的影响最小

[①]7. 在 IS 曲线和 LM 曲线相交时，表示产品市场(　　)。

A. 均衡而货币市场非均衡　　B. 非均衡而货币市场均衡

C. 和货币市场均处于非均衡　　D. 和货币市场同时达到均衡

[②]8. IS 曲线右上方、LM 曲线左上方的组合表示(　　)。

A. 产品供大于求，货币供大于求　　B. 产品供大于求，货币求大于供

C. 产品求大于供，货币供大于求　　D. 产品求大于供，货币求大于供

[②]9. 在萧条经济中，若边际消费倾向提高，则各个可能利率上的国民收入将(　　)。

A. 增加　　B. 减少　　C. 不变　　D. 不确定

[③]10. 在(　　)的情况下，增加货币供给不会影响均衡收入(　　)。

A. LM 曲线陡峭，而 IS 曲线平缓　　B. LM 曲线陡峭，IS 曲线也陡峭

C. LM 曲线平缓，而 IS 曲线垂直　　D. LM 曲线和 IS 曲线一样平缓

[③]11. 假定 IS 曲线和 LM 曲线的交点所表示的均衡国民收入低于充分就业的国民收入。根据 IS-LM 模型，如果不让利息上升，政府应该(　　)。

A. 增加投资　　B. 在增加投资的同时增加货币供给

C. 减少货币供给量　　D. 减少投资的同时减少货币供给量

[②]12. 如果投资对利率完全无弹性，货币供给的增加引起 LM 曲线移动会使(　　)。

A. 收入不变，利率下降 B. 收入增加，利率下降
C. 收入减少，利率下降 D. 以上几种情况都有可能

②13. 当经济处于凯恩斯陷阱中时（ ）。
A. 财政政策无效，货币政策有效 B. 财政政策有效，货币政策无效
C. 财政政策和货币政策均有效 D. 财政政策和货币政策均无效

②14. 在 IS-LM 模型中，均衡利率的决定取决于（ ）。
A. 储蓄和投资 B. 货币供给和货币需求
C. 货币市场和产品市场的关系 D. 以上说法均不准确

③15. 如果净税收增加 10 亿元，会使 IS 曲线（ ）。
A. 右移税收乘数乘以 10 亿元 B. 左移税收乘数乘以 10 亿元
C. 右移支出乘数乘以 10 亿元 D. 左移支出乘数乘以 10 亿元

②16. 假定货币供给量和价格水平不变，货币需求为收入和利率的函数，则收入增加时，（ ）。
A. 货币需求增加，利率上升 B. 货币需求增加，利率下降
C. 货币需求减少，利率上升 D. 货币需求减少，利率下降

③17. 假定货币需求为 $L=kY-hr$，货币供给增加 10 亿元而其他条件不变，则会使 LM（ ）。
A. 右移 10 亿元 B. 右移点乘以 10 亿元
C. 右移 10 亿元除以 k D. 右移点除以 10 亿元

③18. 如果利率和收入都能按供求情况自动得到调整，则利率和收入的组合点出现在 IS 曲线左下方、LM 曲线的右下方的区域中时，有可能（ ）。
A. 利率上升，收入增加 B. 利率上升，收入不变
C. 利率上升，收入减少 D. 以上三种情况都可能发生

①19. 根据凯恩斯理论，下述（ ）与收入水平相关。
A. 投机性货币需求 B. 流动性陷阱
C. 交易性货币需求 D. 边际消费倾向

②20. 如果 IS 曲线保持不变而 LM 曲线向右下方移动，则均衡利率和国民收入将分别（ ）。
A. 下降，增加 B. 上升，增加 C. 下降，减少 D. 上升，减少

③21. 在 LM 曲线不变的情况下，IS 曲线的弹性大，财政政策与货币政策相比，其效果（ ）。
A. 较好 B. 相同 C. 较差 D. 无联系

③22. 在 LM 曲线即定时，扩张性的财政政策使 IS 曲线（ ）。
A. 向上移 B. 向下移 C. 不变 D. 无联系

②23. 如果财政支出为 40 亿元，财政收入也为 40 亿元，那么在乘数为 5 的情况下，国民收入将净增加（ ）亿元。
A. 50 B. 40 C. 80 D. 60

②24. LM 曲线最终将变得完全垂直，因为（ ）。

A. 投资不足以进一步增加收入

B. 货币需求在所有利率水平上都非常有弹性

C. 所有货币供给用于交易目的,因而进一步提高收入是不可能的

D. 全部货币供给被要求用于投机目的,没有进一步用于提高收入的货币

②25. 假定经济处于“流动性陷阱”之中,乘数为4,政府支出增加了80亿元,那么( )。

A. 收入增加将超过320亿元
B. 收入增加320亿元
C. 收入增加小于320亿元
D. 收入增加不确定

③26. 政府购买增加使IS曲线右移,若要均衡收入变动接近于IS曲线的移动量,则必须( )。

A. LM曲线平缓,IS曲线陡峭
B. LM曲线垂直,IS曲线陡峭
C. LM曲线和IS曲线一样平缓
D. LM曲线陡峭,而IS曲线平缓

②27. 假定货币供给量不变,货币交易需求和预防需求的增加将导致货币的投机需求( )。

A. 增加　B. 不变　C. 减少　D. 不确定

②28. 如果LM曲线保持不变而IS曲线向右上方移动,则均衡利率和国民收入将分别( )。

A. 下降,增加　B. 上升,增加　C. 下降,减少　D. 下降,减少

③29. 在下述何种情况下,挤出效应更有可能发生( )。

A. 货币需求对利率具有敏感性,私人部门支出的利率也有敏感性

B. 货币需求缺乏利率敏感性,私人支出也缺乏利率敏感性

C. 货币需求具有利率敏感性,私人支出对利率没有敏感性

D. 货币需求缺乏利率敏感性,私人支出具有利率敏感性

③30. 如果所得税率既定不变,政府预算为平衡性的,那么增加自主性投资在其他条件不变时会增加均衡的收入水平,并且使政府预算( )。

A. 保持平衡
B. 有盈余
C. 出现赤字
D. 以上三种情况都可能

①31. IS曲线表示( )的关系。

A. 产品市场均衡条件下,收入与利率呈同方向变动

B. 产品市场均衡条件下,收入与利率呈反方向变动

C. 货币市场均衡条件下,收入与利率呈同方向变动

D. 货币市场均衡条件下,收入与利率呈反方向变动

①32. LM曲线表示( )的关系。

A. 产品市场均衡条件下,收入与利率呈同方向变动

B. 产品市场均衡条件下,收入与利率呈反方向变动

C. 货币市场均衡条件下,收入与利率呈同方向变动

D. 货币市场均衡条件下,收入与利率呈反方向变动

②33. 在( )的情况下,财政政策效果会更好。

A. LM曲线较陡峭
B. LM曲线较平坦

C. LM 曲线垂直　　D. LM 曲线水平

①34. 在(　　)的情况下,货币政策无效。

A. IS 曲线较陡峭　　B. IS 曲线较平坦

C. IS 曲线垂直　　D. IS 曲线水平

②35. 价格水平提高,会使 LM 曲线(　　)。

A. 向左上方平行移动　　B. 向右下平行移动

C. 斜率变大　　D. 保持不变

①36. 中央银行增加货币供给,会使(　　)。

A. IS 曲线向右上方移动　　B. IS 曲线向左下方移动

C. LM 曲线向右下方移动　　D. LM 曲线向左上方移动

①37. 引起 IS 曲线向左移动的原因是(　　)。

A. 政府投资修建一条高速公路　　B. 政府决定降低个人所得税率

C. 中央银行降低再贴现率　　D. 政府削减国防开支

①38. 假定货币供给量不变和价格水平不变,则收入增加时,(　　)。

A. 交易性货币需求增加,利率上升　　B. 交易性货币需求增加,利率下降

C. 交易性货币需求减少,利率上升　　D. 交易性货币需求减少,利率下降

①39. 交易性货币需求(　　)。

A. 与收入同方向变动　　B. 与收入反方向变动

C. 与利率同方向变动　　D. 与利率反方向变动

①40. 投机性货币需求(　　)。

A. 与收入同方向变动　　B. 与收入反方向变动

C. 与利率同方向变动　　D. 与利率反方向变动

①41. 利息率提高时,货币的投机需求将(　　)。

A. 增加　　B. 不变　　C. 减少　　D. 不能肯定

①42. 政府支出的增加将(　　)。

A. 使 IS 曲线右移,并使利率和收入水平同时提高

B. 使 IS 曲线右移,并使利率和收入水平同时降低

C. 使 IS 曲线右移,提高收入水平但降低利率

D. 使 LM 曲线右移,提高收入水平但降低利率

①43. 政府税收增加将(　　)。

A. 使 IS 曲线左移,并使利率和收入水平同时降低

B. 使 IS 曲线右移,并使利率和收入水平同时提高

C. 使 IS 曲线右移,提高收入水平但降低利率

D. 使 LM 曲线右移,提高收入水平但降低利率

①44. 货币供给增加将(　　)。

A. 使 IS 曲线左移,并使利率和收入水平同时降低

B. 使 IS 曲线右移,并使利率和收入水平同时提高

C. 使 IS 曲线右移,提高收入水平但降低利率

D. 使LM曲线右移,提高收入水平但降低利率

[①]45. 在LM曲线不变的情况下,自发总支出减少会引起(　　)。

A. 国民收入增加,利率上升　　B. 国民收入增加,利率不变

C. 国民收入增加,利率下降　　D. 国民收入减少,利率下降

[①]46. 若一国政府在增税的同时减少货币供给,则(　　)。

A. 利率必然上升　　B. 利率必然下降

C. 均衡的收入水平必然上升　　D. 均衡的收入水平必然下降

[①]47. 在其他条件不变时,货币供应量的增加,会使(　　)。

A. IS曲线向右上方移动　　B. IS曲线向左下方移动

C. LM曲线向右下方移动　　D. LM曲线向左上方移动

[②]48. 在IS曲线不变的情况下,货币量减少会引起(　　)。

A. 国民收入增加,利率下降　　B. 国民收入增加,利率上升

C. 国民收入减少,利率上升　　D. 国民收入减少,利率下降

[①]49. 假定货币供给量不变,货币的交易需求和预防需求的增加将导致货币的投机需求(　　)。

A. 增加　　B. 不变　　C. 减少　　D. 不能肯定

[①]50. 根据凯恩斯的理论,(　　)与收入水平相关。

A. 交易性货币需求　　B. 流动性陷阱

C. 投机性货币需求　　D. 边际消费倾向

[②]51. 依据凯恩斯货币理论,货币供给增加将(　　)。

A. 降低利率,从而减少投资和总需求

B. 降低利率,从而增加投资和总需求

C. 提高利率,从而增加投资和总需求

D. 提高利率,从而减少投资和总需求

[②]52. 在IS曲线不变的情况下,货币供应量减少会引起(　　)。

A. 国民收入减少,利率上升　　B. 国民收入减少,利率下降

C. 国民收入增加,利率上升　　D. 国民收入增加,利率下降

[②]53. 假定货币供应量不变,货币的交易需求和预防需求的增加将导致(　　)。

A. 货币投机需求减少,利率上升　　B. 货币投机需求减少,利率下降

C. 货币投机需求增加,利率上升　　D. 货币投机需求增加,利率下降

三、判断题

(　　)[①]1. 其他条件不变,利率越低,为满足交易需要的货币需求量越小。

(　　)[②]2. 家庭与企业在商业银行和其他金融机构提供的活期存款是货币供给 M_1 的组成部分。

(　　)[③]3. 债券价格和利率之间是正方向变动关系。

(　　)[③]4. 由银行持有的通货和硬币是货币供给 M_1 的组成部分。

(　　)[③]5. 在准货币中,活期存款比定期存款的流动性更高。

(　　)②6. IS-LM模型无法表现财政政策或者货币政策对经济的影响。

(　　)①7. 当商业银行收回已发放的贷款时，货币供给增加。

(　　)①8. 狭义的货币供给指流通中的硬币、纸币和银行活期存款的总和。

(　　)①9. 如果货币供给量超过货币需求量，利率会下降。

(　　)①10. 资本边际效率随着投资量的增加而递增。

(　　)①11. 投资支出和利率成正比，即利率越高，投资量越大。

(　　)②12. 投资函数中的 d(投资对利率变动的反应灵敏系数)既影响IS曲线斜率又影响IS曲线的纵截距。

(　　)②13. 边际储蓄倾向越大，IS曲线越平坦，表明 y 对 r 的变化更为灵敏。

(　　)①14. 在IS曲线上只有一个点的利率和实际国民收入的结合实现了产品市场的均衡。

(　　)③15. 在其他条件不变时，如果利率由4%上升到5%，则IS曲线向右移动。

(　　)③16. 提出IS-LM模型的英国经济学家希克斯把货币需求称为流动性偏好。

(　　)①17. 在其他条件不变的情况下，利率水平越高，人们希望持有的实际货币量就越少。

(　　)③18. 货币比债券的流动性更大，因此从总体上货币的生息能力比债券更差些。

(　　)③19. 实际货币需求增加将引起利率下降。

(　　)③20. 在名义货币供给量不变时，物价水平上升使LM曲线向右移动。

(　　)①21. LM曲线上任何一点的利率与实际国民收入的结合都实现了货币需求等于货币供给。

(　　)①22. IS和LM曲线交点的利率和收入就是产品市场和货币市场同时达到均衡的利率和收入。

(　　)①23. IS曲线与LM曲线的交点表示产品市场、货币市场和要素市场同时均衡。

(　　)③24. 在凯恩斯陷阱中，投机的货币需求无穷小。

(　　)③25. 投机需求的增加使投机需求曲线右移，在其他情况不变时，使LM曲线左移。

(　　)③26. 交易需求的增加使交易需求曲线右移，在其他条件不变时，使LM曲线左移。

(　　)③27. 在其他条件不变时，货币供给的增加使LM曲线右移，国民收入增加，利率下降。

(　　)①28. 资本边际效率是递减的。

(　　)②29. 在凯恩斯区域，投资增加使国民收入增加，利率不变。

(　　)①30. 交易的货币需求与预防的货币需求是收入的增函数，投机的货币需求是利率的减函数。

四、计算题

①1. 假定一个只有家庭和企业的两部门经济，消费 $C=100+0.8Y$，投资 $I=150-6r$，

名义货币供给 $M=500$，价格水平 $P=2$，货币需求 $L=0.2Y+100-4r$。

（1）求 IS 和 LM 曲线。

（2）求产品市场和货币市场同时均衡时的利率和收入。

[①]2. 假定某经济中消费函数 $C=200+0.6Y$，投资函数 $I=700-50r$，政府购买 $G=800$，货币需求 $L=0.25Y+200-62.5r$，实际货币供给 $M=700$，价格水平 $P=1$。试求：

（1）IS 曲线。

（2）LM 曲线。

（3）产品市场和货币市场同时均衡时的利率和收入。

[①]3. 若货币交易需求为 $L_1=0.2Y$，货币投机需求 $L_2=2\,000-500r$。

（1）写出货币需求总函数。

（2）当收入为 10 000 元，利率为 6 时，货币需求量为多少？

（3）若货币供给为 2 500 元，收入为 6 000 元时，满足投机性需求的货币是多少？

（4）当收入为 10 000 元，货币供给为 2 500 元时，均衡利率为多少？

[①]4. 已知某国的投资函数为 $I=300-100r$，储蓄函数为 $S=-200+0.2Y$，货币需求为 $L=0.4Y-50r$，该国的货币供给 $M=250$，价格总水平 $P=1$。

(1) 写出 IS 和 LM 曲线方程。

(2) 计算均衡的国民收入和利息率。

(3) 在其他条件不变情况下，政府购买增加 100，均衡国民收入增加多少？

[②]5. 假定某经济的社会消费函数 $C=300+0.8Y$，私人意愿投资 $I=200$，税收函数 $T=0.2Y$(单位：亿元)。

(1) 均衡收入为 2 000 亿元时，政府支出(不考虑转移支付)必须是多少？预算盈余还是赤字？

(2) 政府支出不变，而税收提高为 $T=0.25Y$，均衡收入是多少？这时预算将如何变化？

[②]6. 假设货币需求为 $L=0.20Y$，货币供给量为 200 元，消费 $C=90+0.8Y_d$，税收 $t=50$，投资 $I=140-5r$，政府支出 $G=50$(单位：元)。

(1) 导出 IS 和 LM 方程，求均衡收入、利率和投资。

(2) 若其他情况不变，G 增加 20 元，均衡收入、利率和投资各为多少？

(3) 是否存在“挤出效应”？

[3]7. 假定某国政府当前预算赤字为 75 亿元，边际消费倾向为 $b=0.8$，边际税率 $t=0.25$，如果政府为降低通货膨胀率要减少支出 200 亿元，试问支出的这种变化能否最终消灭赤字？

[3]8. 假定某经济满足 $Y=C+I+G$，且消费函数为 $C=800+0.63Y$，投资 $I=7\ 500-20\ 000r$，货币需求 $L=0.162\ 5Y-10\ 000r$，名义货币供给量 6 000 亿元，价格水平为 1，问当政府支出从 7 500 亿元增加到 8 500 亿元时，政府支出的增加挤占了多少私人投资？

*9. 假设在一个开放的经济中，消费函数为 $C=300+0.8Y_d$，投资函数为 $I=200-1\ 500r$，净出口函数为 $NX=100-0.04Y-500r$，货币需求函数为 $L=0.5Y-200r$，政府支出为 $G=200$，税收函数为 $T=0.2Y$，名义货币供给为 $M=550$，价格水平 $P=1$。求：

(1) IS 曲线方程。

(2) LM 曲线方程。

(3) 产品市场和货币市场同时均衡时的收入和利率。

[①]10. 已知 $I=2\ 500-240r$，$S=-1\ 000+0.5Y$，$M=3\ 200$，$L=0.5Y-260r$。

(1) 写出 IS-LM 模型方程式。

(2) 求均衡的国民收入和利率。

(3) 若政府支出增加 100，货币供给增加 300，新的均衡国民收入和利率为多少？

(4) 解释收入和利率变化的原因。

[①]11. 设投资函数为 $I=e-dr$。(单位：亿元)

(1) 当 $I=250-5r$ 时，找出利率等于 10%、8%、6%时的投资量。

(2) 若投资函数为 $I=250-10r$，找出利率等于 10%、8%、6%时的投资量。

(3) 说明 e 的增加对投资需求曲线的影响。

(4) 若 $I=200-5r$，投资需求曲线将怎样变化？

[①]12. 已知消费函数为 $C=100+0.6Y$，投资函数为 $I=520-2r$，货币需求为 $L=0.2Y-4r$，货币供给为 $M=120$。

(1) 写出 IS 曲线方程。

(2) 写出 LM 曲线方程。

(3) 写出 IS-LM 模型的具体方程并求解均衡的国民收入和均衡的利率。

[2]13. 假定货币需求函数为$L=0.2Y-5r$,价格水平不变($P=1$)。

(1) 若名义货币供给量为150,找出货币需求与供给均衡时的LM曲线。

(2) 若名义货币供给量为200,找出货币需求与供给均衡时的LM曲线,它与(1)中的LM曲线比较有什么不同?

(3) 对于(2)中这条LM曲线,若$r=10$,$Y=1\ 100$,货币需求与供给是否均衡?若非均衡,利率该如何变化?

五、分析讨论题

[1]1. 简要介绍凯恩斯的货币需求理论。

[1]2. 简要介绍“流动性偏好陷阱”的基本原理。

*3. 税率增加如何影响 IS 曲线、均衡收入和利率？

*4. 什么是 LM 曲线的 3 个区域？其经济含义是什么？

②5. 一般而言，IS 曲线的斜率为负，为什么？

*6. 怎样理解凯恩斯陷阱区域 LM 曲线的特性？古曲区域与之有何区别？

*7. 简要介绍托宾Q理论。

[2] 8. 简要介绍凯恩斯陷阱(流动性陷阱)。

六、论述题

[3] 1. 怎样理解IS-LM模型是凯恩斯主义宏观经济学的核心?

*2. 平衡预算的财政思想和功能财政思想有何区别?

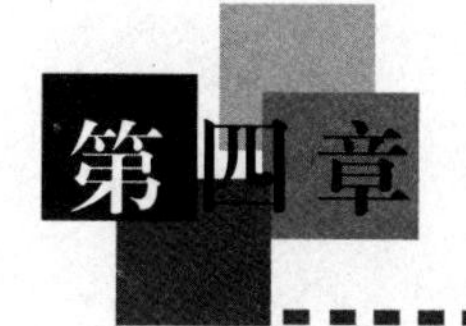

总需求—总供给模型

一、名词解释

①1. 总需求

②2. 总需求函数

*3. 财富效应

*4. 利率效应

*5. 潜在产量

①6. 总供给

[2]7. 总供给函数

[2]8. 总量生产函数

[2]9. 古典总供给曲线

[3]10. 凯恩斯主义的总供给曲线

[1]11. AD-AS 模型

[3]12. 工资刚性

[3]13. 滞胀

二、单项选择题

①1. 短期总供给曲线(　　)。

A. 向右下方倾斜　　B. 向右上方倾斜

C. 与纵轴平行　　D. 与纵轴垂直

③2. 在其他条件不变的情况下,政府的净税收增加,导致总需求曲线(　　)。

A. 向右下方移动　　B. 向左下方移动

C. 向右上方移动　　D. 向左上方移动

③3. 在其他条件不变的情况下,工资率上升,导致总供给曲线(　　)。

A. 向右下方移动　　B. 向左下方移动

C. 向右上方移动　　D. 向左上方移动

①4. 在总需求与总供给的短期均衡中,总需求增加会引起(　　)。

A. 国民收入减少,价格水平下降

B. 国民收入减少,价格水平上升

C. 国民收入增加,价格水平下降

D. 国民收入增加,价格水平上升

②5. 在短期总需求与总供给达到均衡时,如果政府支出增加,将引起(　　)。

A. 均衡国民收入增加,价格总水平上升

B. 均衡国民收入增加,价格总水平下降

C. 均衡国民收入减少,价格总水平上升

D. 均衡国民收入减少,价格总水平减少

①6. 经济可以处于萧条、繁荣和滞涨的状态一般是在(　　)。

A. 长期　　B. 短期

C. 两者都可　　D. 两者都不可能

③7. 短期中,如果总需求曲线与总供给曲线相交于总供给曲线的垂直区域,说明(　　)。

A. 经济处于萧条状态　　B. 经济处于繁荣状态

C. 经济处于滞涨状态　　D. 经济处于充分就业状态

8. 在总需求与总供给的长期均衡中,总需求减少会引起(　　)。

A. 国民收入减少,价格水平下降　　B. 国民收入减少,价格水平上升

C. 国民收入不变,价格水平下降　　D. 国民收入不变,价格水平上升

①9. 短期总供给曲线是物价水平与总产出之间的关系,它的假设条件是(　　)。

A. 生产要素价格不变　　B. 生产要素数量不变

C. 政府支出水平不变　　D. 最终产品的价格水平不变

③10. 短期和长期总供给曲线同时使用的政策含义是(　　)。

A. 短期内政府应采取措施适时变动总需求,长期则不用

B. 长期时政府应对经济进行干预,短期则不用

C. 无论长期和短期政府都应干预经济

D. 无论长期和短期政府都没有必要干预经济

③11. 凯恩斯学派认为,未达到充分就业时,劳动供给对工资的弹性(　　)。

A. 大于1　　B. 小于1　　C. 等于1　　D. 无穷大

③12. 随着物价水平上升,实际货币量(　　)。

A. 增加,从而实际国民生产总值的需求量增加

B. 增加,从而实际国民生产总值的需求量减少

C. 减少,从而实际国民生产总值的需求量增加

D. 减少,从而实际国民生产总值的需求量减少

①13. 短期总供给曲线向右上方倾斜,该曲线变为一条垂线的条件是(　　)。

A. 每个企业都生产其能力产量　　B. 每个企业的产量达到其物质限制

C. 经济中实现了充分就业　　D. 与总需求曲线相交

①14. 短期总供给反映了物价水平与实际国民生产总值供给量之间的关系,它的假设条件是(　　)。

A. 生产要素(投入品)的价格不变　　B. 生产要素的数量不变

C. 政府的支出水平不变　　D. 物价水平不变

③15. 经济不可能一直保持在长期总供给之上的实际国民生产总值水平,原因在于投入品的价格(　　)。

A. 会下降,从而长期总供给曲线向右方移动

B. 会下降,从而短期总供给曲线向下方移动

C. 会上升,从而长期总供给曲线向左方移动

D. 会上升,从而短期总供给曲线向上方移动

③16. 在新古典就业理论条件下,下列说法中正确的是(　　)。

A. 为保证充分就业,工资下降总是必要的

B. 工资和价格必须是灵活的

C. 利率必须对最小储蓄与投资之间的差异作出反应

D. 为了得到工作,工人相互之间必然存在竞争

③17. 价格水平下降时,下列说法正确的是(　　)。

A. 实际货币供给减少并使LM曲线右移

B. 实际货币供给减少并使LM曲线左移

C. 实际货币供给增加并使LM曲线右移

D. 实际货币供给增加并使LM曲线左移

②18. 总需求曲线向下方倾斜是由于(　　)。

A. 价格水平上升时,投资会减少　　B. 价格水平上升时,消费会减少

C. 价格水平上升时,净出口会减少　　D. 以上结论均正确

19. 当(　　)时总需求曲线更平缓。

A. 投资支出对利率变化较敏感　　B. 支出乘数较小

C. 货币需求对利率变化较敏感　　D. 货币供给量较大

①20. 若价格水平下降,则总需求(　　)。

A. 增加　　B. 减少　　C. 不变　　D. 难以确定

①21. 当价格水平下降时，总需求曲线(　　)。

A. 向左移动　　B. 向右移动　　C. 不变　　D. 难以确定

②22. 扩张性财政政策对总需求的影响是(　　)。

A. 同一价格水平对应的总需求增加

B. 同一总需求水平对应的价格提高

C. 价格水平下降，总需求增加

D. 价格水平提高，总需求减少

②23. 在水平总供给曲线区域，决定产出增加的主导力量是(　　)。

A. 供给　　B. 需求　　C. 工资　　D. 技术

②24. 在垂直总供给曲线区域，决定价格的主导力量是(　　)。

A. 供给　　B. 需求　　C. 产出　　D. 以上均正确

③25. 根据总供求模型，扩张性货币政策能使价格水平(　　)。

A. 提高　　B. 下降　　C. 不变　　D. 难以确定

③26. 若扩张总需求政策的价格效应最大，则表明总供给曲线是(　　)。

A. 水平的　　B. 向右上方倾斜的

C. 垂直的　　D. 难以确定

③27. 扩张总需求政策使价格提高的区域是总供给曲线的(　　)。

A. 水平区域　　B. 向右上方倾斜区域

C. 垂直区域　　D. 难以确定

①28. 表示价格不变而总供给可以增加的总供给曲线是(　　)。

A. 短期总供给曲线　　B. 凯恩斯主义总供给曲线

C. 长期总供给曲线　　D. 古典总供给曲线

③29. 当(　　)，古典总供给曲线存在。

A. 产出水平是由劳动力供给等于劳动力需求的就业水平决定时

B. 劳动力市场的均衡不受劳动力供给曲线移动的影响时

C. 劳动力需求和劳动力供给立即对价格水平的变化作出调整时

D. 劳动力市场的均衡不受劳动力需求曲线移动的影响时

①30. 在总需求与总供给的短期均衡中，如果短期总供给曲线左移，在总需求曲线不变的情况下，会出现(　　)。

A. 经济停滞，通货紧缩　　B. 经济繁荣，通货紧缩

C. 经济停滞，通货膨胀　　D. 经济繁荣，通货膨胀

①31. 如果经济运行处于短期总供给曲线向上倾斜的部分，则总需求的增加会(　　)。

A. 使物价水平上升，但不提高实际的国民收入

B. 提高实际的国民收入，但不使物价水平上升

C. 使实际国民收入与物价水平都不上升

D. 使实际国民收入与物价水平都上升

③32. 假定经济实现充分就业，总供给曲线是垂直线，减税将(　　)。

A. 提高价格水平和实际产出

B. 提高价格水平但不影响实际产出

C. 提高实际产出但不影响价格水平

D. 对价格水平和实际产出均无影响

[①]33. 凯恩斯总供给曲线是一条(　　)。

A. 与横轴平行的线　　B. 向右上方倾斜的线

C. 与横轴垂直的线　　D. 向左上方倾斜的线

[①]34. 古典总供给曲线是一条(　　)。

A. 与横轴平行的线　　B. 向右上方倾斜的线

C. 与横轴垂直的线　　D. 向左上方倾斜的线

[①]35. 总需求曲线 AD 是一条(　　)。

A. 向右下方倾斜的曲线　　B. 向右上方倾斜的曲线

C. 平行于数量轴的直线　　D. 垂直于数量轴的直线

[①]36. 下列选项中,(　　)不属于总需求。

A. 政府购买支出　　B. 净出口

C. 税收　　D. 国内私人投资

[①]37. 货币中性论是指货币的变动,(　　)。

A. 只影响实际变量而不影响名义变量

B. 只影响名义变量而不影响实际变量

C. 同时影响名义变量和实际变量

D. 既不影响名义变量也不影响实际变量

[①]38. 在以价格为纵坐标,收入为横坐标的坐标系中,长期总供给曲线(　　)。

A. 向右下方倾斜　　B. 向右上方倾斜

C. 与纵轴平行　　D. 与纵轴垂直

[①]39. 假定价格水平为 1.0 时社会需要 1 000 亿元货币从事交易;当价格水平为 0.8 时,为了维持同样规模的交易量,则社会需要的从事交易货币为(　　)亿元。

A. 800　　B. 1 000　　C. 1 250　　D. 1 800

[①]40. 在(　　)的情况下,可能会发生价格上涨。

A. 总供给和总需求都增加　　B. 总供给和总需求都减少

C. 总供给减少总需求增加　　D. 总供给增加总需求减少

三、判断题

(　　)[①]1. 总需求曲线向右下方倾斜。

(　　)[①]2. 总供给曲线与横轴垂直。

(　　)[①]3. 在总供给不变时,总需求的变动会引起国民收入与价格水平反方向变动。

(　　)[①]4. 在总需求不变时,短期总供给的增加会使国民收入增加,价格水平下降。

(　　)[②]5. 若扩张总需求的产出效应最大,则表明总供给曲线是水平的。

(　　)[③]6. 任何一种使短期总供给曲线向右移动的因素都会使长期总供给曲线向右移动。

(　　)[①]7. 垂直的总供给曲线意味着长期而言经济能达到充分就业状态。

(　　)[③]8. 利率效应是影响总需求的因素之一。

(　　)[①]9. 其他条件不变,生产力的提高会使总供给曲线右移。

(　　)*10. 由股票市场价格上升导致的财富的增加会引起经济沿着现存的总需求曲线移动。

(　　)*11. 生产可能性线的向外移动会使总供给曲线向右移动。

(　　)[③]12. 提高企业所得税会使总供给曲线向左移动。

(　　)[③]13. 单位生产成本下降会使总供给曲线向左移动。

(　　)[②]14. 总供给曲线的形状取决于当实际产出增加时总需求的变化。

(　　)[①]15. 总供给曲线的垂直部分又可以称作非充分就业部分。

(　　)[①]16. 总供给曲线的水平部分称为生产能力充分使用阶段。

(　　)[①]17. 1929 年大危机时美国经济是在其供给曲线的水平部分运行的。

(　　)[①]18. 短期总供给曲线即古典理论的总供给曲线。

(　　)[②]19. 当价格水平发生变动时,IS 曲线和 LM 曲线的位置相应移动。

(　　)[③]20. 当名义货币供给不变时,价格水平的变动将引起总需求的变动。

(　　)[③]21. 当劳动的边际产品一定时,劳动需求是实际工资的减函数。

(　　)[③]22. IS 曲线的利率弹性越大,AD 曲线就越陡峭。

(　　)[①]23. 长期总供给曲线即潜在产量线。

(　　)[②]24. 货币需求的利率弹性越大,AD 曲线就越陡峭。

(　　)[②]25. 货币需求的收入弹性越大,AD 曲线就越平坦。

(　　)[③]26. 财政政策通过对 LM 曲线位置的影响而影响 AD 曲线。

(　　)[③]27. 货币政策通过对 IS 曲线位置的影响而影响 AD 曲线。

(　　)[③]28. 当采用扩张性的经济政策时,对应每一价格水平的总需求水平都有提高。

(　　)[③]29. 名义货币供给量的增加将引起总需求曲线同比例的移动。

(　　)[③]30. 总供给曲线同时反映了货币市场和产品市场的均衡状态。

四、计算题

[①]1. 设消费函数为 $C=100+0.75Y$,投资函数为 $I=20-2r$,货币需求函数为 $L=0.2Y-0.5r$,货币供给量 $M=50$,价格水平为 P。

(1) 求总需求函数。

(2) 当价格为 10 和 5 时,总需求分别为多少?

(3) 求货币供给量增加 10 时的总需求函数。

[①] 2. 如果总供给曲线为 $Y_s=500$，总需求曲线为 $Y_d=600-50P$。

(1) 求供求均衡点。

(2) 如果总需求上升 10%，求新的供求均衡点。

[①] 3. 假定一个两部门经济，消费函数为 $C=100+0.8Y$，投资函数为 $I=150-6r$，货币需求函数为 $L=0.2Y-4r$，设 P 为价格水平，名义货币供给 $M=150$。

(1) 求总需求曲线。

(2) 若 $P=1$，求均衡时的利率和收入。

(3) 若该经济的总供给函数为 $AS=800+150P$，求均衡时的收入和价格水平。

[①] 4. 已知总供给曲线为 $Y_s=500P$，总需求曲线为 $Y_d=600-50P$。

(1) 求供求平衡点。

(2) 如果总供给不变，总需求上升 10%，求新的供求平衡点。

(3) 如果总需求曲线不变，总供给上升 10%，求新的供求平衡点。

②5. 假定劳动力的边际产出函数为 $MP_L=14-0.08N$，这里 N 是劳动投入量。

(1) 当 $P=1$ 时，单位劳动的名义工资分别为 4、3、2、1 美元时，劳动力需求各为多少？

(2) 给出劳动力需求方程。

(3) 当 $P=2$ 时，单位劳动的名义工资分别为 4、3、2、1 美元时，劳动力需求各为多少？

(4) 在其他条件不变时，价格水平上升对劳动力需求有何影响？

③6. 经济的充分就业产出水平为 800，已知在 $P=1.25$ 时，$C=120+0.75Y$，$I=140-10r$，$T=80$，$G=100$，名义货币供给 $M=150$，货币需求 $L=0.25Y-8r$，试求：

(1) IS 方程和 LM 方程。

(2) 价格水平作为内生变量时的总需求曲线。

③7. 假定短期供给函数为 $Y=14N-0.04N^2$，劳动需求函数为 $N_d=175-12.5W/P$，劳动供给 $N_s=70+5W$，劳动者预期 $P=1$ 的价格水平会维持下去。如果经济开始时位于1 000 美元的充分就业产出水平，价格水平为 1，名义工资为 6 美元，实际工资为 6 美元，就业量为 100，试问：

(1) 当政府支出扩大使总需求曲线右移，总产出增加，价格水平上升到 1.10 时，就业量、名义工资、实际工资有何变化？

(2) 当工人要求增加 10％的名义工资(因为价格水平上升了 10％)使总供给曲线左

移，总产量下降，价格水平上升到 1.15 时，就业量、名义工资、实际工资有何变化？

(3) 什么是长期的实际产出、实际工资和就业量？

(4) 为什么实际产出会超过 1 000 美元的充分就业产出水平？

五、分析讨论题

[①]1. 为什么说总需求曲线是向右下方倾斜的？

[②]2. 在简单的凯恩斯模型中，总需求曲线向上倾斜，而在 AS-AD 模型中，总需求曲线向右下方倾斜，这是否矛盾？

②3. 总供给曲线移动的原因是什么？

②4. 导致总需求曲线移动的原因有哪些？对总需求有何影响？

①5. 为什么古典理论认为总供给曲线是垂直的？

*6. 总需求曲线与单个商品的需求曲线有何不同？

[2]7. 凯恩斯学派关于劳动市场理论的主要观点是什么？

六、论述题

[1]1. 简述国民收入决定的三个模型之间的内在联系。

[3]2. 简析古典总供给—总需求模型与凯恩斯主义总供给—总需求模型的区别。

[①]3. 总供给—总需求模型的基本内容是什么？

*4. 根据总供给理论，乘数理论是否要进行修正？

七、综合分析题

[①]石油是重要的工业原料，如果中东政治动荡引起石油产量减少，用总需求—总供给模型作图说明它会给世界经济带来什么影响。

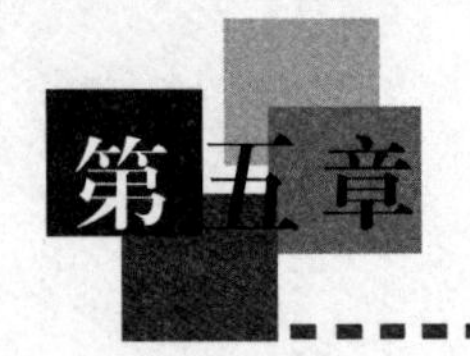

第五章 失业与通货膨胀理论

一、名词解释

[1]1. 自愿失业

[1]2. 非自愿失业

[1]3. 摩擦性失业

[1]4. 结构性失业

[1]5. 周期性失业

[2]6. 自然失业率

[1]7. 通货膨胀

①8. 通货膨胀率

③9. 通货膨胀税

②10. 奥肯定律

①11. 温和的通货膨胀

①12. 奔腾的通货膨胀

①13. 超级通货膨胀

②14. 平衡的通货膨胀

②15. 非平衡的通货膨胀

②16. 未预期到的通货膨胀

[2]17. 预期到的通货膨胀

[1]18. 需求拉动的通货膨胀

[1]19. 成本推动的通货膨胀

[1]20. 结构性通货膨胀

[2]21. 菲利普斯曲线

[3]22. 长期菲利普斯曲线

[1]23. 失业率

[2]24. 消费价格指数

[2]25. 生产者价格指数

二、单项选择题

①1. 如果导致通货膨胀的原因是“货币过多而商品过少”，则此时的通货膨胀是(　　)。

A. 结构性的　　B. 需求拉动型的

C. 成本推动型的　　D. 混合型的

①2. 面对通货膨胀，消费者的合理行为应该是(　　)。

A. 保持原有的消费、储蓄比例

B. 减少消费，扩大储蓄比例

C. 增加消费，减少储蓄比例

D. 只购买生活必需品，不再购买耐用消费品

③3. 如果经济已形成通货膨胀压力，但因价格管制没有物价的上涨，则此时经济(　　)。

A. 不存在通货膨胀　　B. 存在抑制性的通货膨胀

C. 存在恶性的通货膨胀　　D. 存在温和的通货膨胀

②4. 某一经济在 3 年中，货币增长速度为 8%，而实际国民收入增长速度为 10%，货币流通速度不变，这 3 年期间价格水平将(　　)。

A. 上升　　B. 下降　　C. 不变　　D. 上下波动

②5. 在充分就业的情况下，(　　)最可能导致通货膨胀。

A. 出口减少　　B. 进口增加

C. 工资不变但劳动生产率提高　　D. 税收不变但政府支出扩大

③6. 通货膨胀对收入和财富进行再分配的影响是指(　　)。

A. 造成收入结构的变化　　B. 使收入普遍上升

C. 使债权人收入上升　　D. 使收入普遍下降

①7. 菲利普斯曲线说明(　　)。

A. 通货膨胀由过度需求引起　　B. 通货膨胀导致失业

C. 通货膨胀与失业率之间呈正相关　　D. 通货膨胀与失业率之间呈负相关

③8. 收入政策主要是用来对付(　　)。

A. 需求拉动型通货膨胀　　B. 成本推动型通货膨胀

C. 结构性通货膨胀　　D. 以上各类型

①9. 通货膨胀会(　　)。

A. 使国民收入上升

B. 使国民收入下降

C. 与国民收入没有必然联系

D. 经济处于潜在的产出水平时，会促进国民收入的增长

①10. (　　)两种情况不会同时产生。

A. 结构性失业和成本推动通货膨胀

B. 结构性失业和结构性通货膨胀

C. 摩擦性失业和需求拉动型通货膨胀

D. 需求不足的失业和需求拉动型通货膨胀

[2]11. 假定充分就业的国民收入为 1 000 亿元，实际的国民收入为 950 亿元，增加 20 亿元的投资（MPC=0.8），经济将发生（　　）。

A. 成本推动型通货膨胀　　B. 达到充分就业状况
C. 需求不足的失业　　D. 需求拉动型通货膨胀

[2]12. 假定上题中实际的国民收入为 900 亿元，MPC=0.75，增加 20 亿元的投资，经济又将发生（　　）。

A. 成本推动型通货膨胀　　B. 达到充分就业状况
C. 需求不足的失业　　D. 需求拉动型通货膨胀

[1]13. 由于经济萧条而形成的失业，属于（　　）。

A. 永久性失业　　B. 摩擦性失业
C. 周期性失业　　D. 结构性失业

[3]14. "滞胀"理论不符合（　　）的观点。

A. 供应学派　　B. 货币主义
C. 理性预期学派　　D. 凯恩斯主义

[1]15. 如果实际通货膨胀率低于预期的水平，则（　　）。

A. 债务人和债权人都受损　　B. 债务人和债权人都受益
C. 债务人受损，债权人受益　　D. 债权人受损，债务人受益

[1]16. 通货膨胀的主要负效应为（　　）。

A. 收入再分配　　B. 破坏效率标准
C. 政治动荡　　D. 以上都对

[3]17. 正确地预期到货币供给增长率增加，将引起（　　）。

A. 名义利率下降、实际利率下降　　B. 名义利率下降、实际利率不变
C. 名义利率上升、实际利率上升　　D. 名义利率上升、实际利率不变

[3]18. 认为菲利普斯曲线所表示的失业与通货膨胀的关系只在短期存在的根据是（　　）。

A. 完全预期　　B. 静态预期
C. 适应性预期　　D. 理性预期

[1]19.（　　）会增加失业。

A. 退休工人的数量增加　　B. 退休劳动力队伍的人数增加
C. 离开学校找工作的人数增加　　D. 离开工作上学的人数增加

[1]20. 失业率的计算是用（　　）。

A. 失业工人的数量除以工人的数量
B. 劳动力总量除以失业工人的数量
C. 失业工人的数量除以劳动力的总量
D. 就业工人的数量除以失业工人的数量

[2]21. 治理需求拉动型通货膨胀，应该采用的经济政策（　　）。

A. 降低工资　　B. 减税
C. 控制货币供给量　　D. 解除托拉斯

[1]22. 从成本推动的角度分析，引起通货膨胀的原因有(　　)。

A. 世界性商品价格下降　　B. 银行贷款的扩张

C. 工资率的上升　　D. 投资率下降

[1]23. 紧缩通货膨胀的需求管理政策要求(　　)。

A. 政府支出减少　　B. 降低名义货币增长率

C. 政府提高税率　　D. 以上都对

[2]24. 如果通货膨胀没有被预料到，受益者是(　　)。

A. 退休人员　　B. 债权人　　C. 债务人　　D. 工薪收入者

[2]25. 如果经济中由于价格的变化使人们拒绝接受货币，则通常存在(　　)。

A. 通货紧缩　　B. 隐蔽的通货膨胀

C. 温和的通货膨胀　　D. 恶性的通货膨胀

[1]26.(　　)属于失业者。

A. 季节工

B. 正在等待某项工作者

C. 刚进入劳动队伍未找到工作的工作者

D. 以上都是

[3]27. 自然失业率(　　)。

A. 恒为零

B. 是历史上最低限度水平的失业率

C. 是经济处于潜在产出水平时的失业率

D. 恒定不变

[3]28. 长期菲利普斯曲线说明(　　)。

A. 传统菲利普斯曲线仍有效　　B. 离原点越来越远

C. 通货膨胀和失业不存在替代关系　　D. 自然失业率可以变动

[1]29. 奥肯定律说明了(　　)。

A. 失业率和实际国内生产总值之间呈负相关的关系

B. 失业率和实际国内生产总值之间呈正相关的关系

C. 失业率和物价水平之间呈正相关的关系

D. 失业率和物价水平之间呈负相关的关系

[1]30. 如果2019年的物价指数是128，2020年的物价指数是136，那么2020年的通货膨胀率是(　　)。

A. 4.2%　　B. 5.9%　　C. 6.25%　　D. 106.25%

[1]31. 某工人不愿意接受现行工资水平而形成的失业属于下列(　　)类型。

A. 摩擦性失业　　B. 结构性失业　　C. 自愿失业　　D. 周期性失业

[1]32. 奔腾的通货膨胀，其通货膨胀率为(　　)。

A. 10%以内　　B. 10%以上和100%以内

C. 100%以上　　D. 1000%以上

[1]33. 工人为了寻找理想的工作所造成的失业是(　　)。

A. 季节性失业　　B. 摩擦性失业
C. 结构性失业　　D. 周期性失业

①34. 劳动力的供给和需求不匹配，既有找不到工作的劳动者，又有职位空缺的失业现象称为(　　)。

A. 季节性失业　　B. 摩擦性失业
C. 结构性失业　　D. 周期性失业

②35. 奥肯定律表明了失业率与实际国内生产总值增长率之间的关系是(　　)。

A. 同方向变动　　B. 反方向变动
C. 不确定　　D. 无关

②36. 充分就业意味着(　　)。

A. 人人都有工作，没有失业者　　B. 消灭了自然失业时的就业状态
C. 消灭了周期性失业时的就业状态　　D. 消灭了摩擦性失业时的就业状态

①37. 结构性失业是(　　)。

A. 有人不满意现有工作，离职去寻找更理想的工作所造成的失业
B. 由于劳动力技能不能适应劳动力需求的变动而引起的失业
C. 由于某些行业的季节性变动而引起的失业
D. 经济中由于劳动力的正常流动而引起的失业

①38. 经济相对萎缩时期物价总水平在较长时间内持续下降、货币不断升值的经济现象是(　　)。

A. 通货膨胀　　B. 经济衰退　　C. 通货紧缩　　D. 经济繁荣

①39. 工人所要求的实际工资超过了其边际生产率所造成的失业属于(　　)。

A. 摩擦性失业　　B. 结构性失业　　C. 自愿失业　　D. 周期性失业

①40. 由经济中难以克服的客观原因引起的失业是(　　)。

A. 周期性失业　　B. 结构性失业　　C. 摩擦性失业　　D. 自然失业

②41. 某个国家在充分就业情况下的产出是 5 000 亿元，而自然失业率是 5%，假定现在的失业率是 8%，那么奥肯系数为 2 时，根据奥肯定律，该国目前的产出为(　　)亿元。

A. 5 000　　B. 4 900　　C. 4 800　　D. 4 700

③42. 下列不是衡量通货膨胀的价格指数的是(　　)。

A. 消费价格指数　　B. 出口商品价格指数
C. 生产者价格指数　　D. GDP 折算指数

③43. 某国 2020 年的成年人口总数是 5 000 万人，劳动力参与率是 60%，失业率是 5%，那么就业和失业人数分别是(　　)。

A. 3 000 万和 150 万　　B. 2 850 万和 150 万
C. 5 000 万和 250 万　　D. 3 000 万和 250 万

③44. 如果一个失业者不再找工作，那么失业率和劳动参与率将(　　)。

A. 都上升　　B. 都下降
C. 前者下降，后者不变　　D. 前者上升，后者不变

①45. 由于经济萧条而形成的失业属于(　　)。

A. 摩擦性失业　　B. 结构性失业　　C. 周期性失业　　D. 永久性失业

[①] 46. 如果某人因为钢铁行业不景气而失去工作，这种失业属于（　　）。

A. 摩擦性失业　　B. 结构性失业　　C. 周期性失业　　D. 永久性失业

[①] 47. 如果某人刚刚进入劳动力市场尚未找到工作，这属于（　　）。

A. 摩擦性失业　　B. 结构性失业　　C. 周期性失业　　D. 不属于失业

[①] 48. 在衰退时期，经济活动水平下降，（　　）将上升。

A. 季节性失业　　B. 摩擦性失业　　C. 结构性失业　　D. 周期性失业

[①] 49. 周期性失业是指（　　）。

A. 经济中由于正常的劳动力流动而引起的失业

B. 由于总需求不足而引起的短期失业

C. 由于经济中一些难以克服的原因所引起的失业

D. 由于经济中一些制度上的原因引起的失业

[①] 50. 周期性失业是指（　　）。

A. 由于某些行业生产的季节性变动所引起的失业

B. 由于总需求不足而引起的短期失业

C. 由于劳动力市场结构的特点，劳动力的流动不能适应劳动力需求变动所引起的失业

D. 工资刚性所引起的失业

三、判断题

（　　）[①] 1. 失业率是指失业人数和总人口的比率。

（　　）[①] 2. 失业者是指没有工作的人。

（　　）[①] 3. 失业率是指没有工作又正在寻找工作的人在总人口中所占的比例。

（　　）[②] 4. 消费价格指数在计算时，把居民所购消费品的价格全部计入。

（　　）[①] 5. 需求拉动的通货膨胀理论认为价格上涨的原因是不断追逐利润的垄断厂商们对价格拥有决定权。

（　　）[②] 6. 成本推动的通货膨胀是指在没有超额需求的情况下由于供给方面成本的提高而引起的一般价格水平持续和显著的上涨。

（　　）[②] 7. 结构性通货膨胀理论认为在没有需求拉动和成本推动的情况下，只是由于经济结构因素的变动，也会出现一般价格水平的持续上涨。

（　　）[①] 8. 当经济发生通货膨胀时，大家均受其害。

（　　）[①] 9. 当通货膨胀发生时，退休金领取者、借款人和工资领取者是仅有的受害人。

（　　）[②] 10. 在通货膨胀时期，使用大量已有资本进行商业活动，要负担相对更多的税。

（　　）[①] 11. 需求拉动的通货膨胀和成本推动的通货膨胀实质上是同样的概念，因为都造成货币工资和物价的上涨。

（　　）[③] 12. 菲利普斯曲线的左移使得一个社会能够通过货币政策和财政政策的运

用改进在通货膨胀率和失业率之间进行的相机抉择

(　　)③13. 收入政策主要是用来对付结构性通货膨胀的。

(　　)①14. 高价格就是高通货膨胀。

(　　)③15. 弗里德曼认为,从长期看,通货膨胀和失业之间不存在一种替代关系。

(　　)③16. 自然失业率是指经济社会在正常情况下的失业率,它是劳动市场处于供求稳定状态时的失业率,这里的稳定被认为是既不会造成通货膨胀也不会导致通货紧缩的状态。

(　　)②17. 奥肯定律的内容是,失业率每高于自然失业率 2 个百分点,实际 GDP 将低于潜在 GDP 1 个百分点。

(　　)②18. 菲利普斯曲线表明,当失业率较低时,货币工资增长率也较低;反之,当失业率较高时,货币工资增长率也较高。

(　　)①19. 通货膨胀可以从不同角度进行分类,既可按照价格上升的速度进行分类,又可按照对价格影响的差别进行分类,还可按照人们的预料程度进行分类。

(　　)③20. 在以失业率为横坐标、通货膨胀率为纵坐标的坐标系中,长期菲利普斯曲线是一条位于自然失业率水平上的垂直线。

(　　)③21. 菲利普斯曲线最初反映的是失业率与通货膨胀率之间的关系。现代的菲利普斯曲线主要反映的是失业率与工资上涨率之间的关系。

(　　)①22. 摩擦性失业是指劳动力的供给与需求不匹配所造成的失业,其特点是既有失业又有职位空缺。

(　　)①23. 平衡的通货膨胀即每种商品的价格都按相同比例上升。

(　　)①24. 非平衡的通货膨胀即各种商品价格上升的比例并不完全相同。

(　　)①25. 只要存在失业工人,就不可能有工作空位。

(　　)①26. 无论是根据消费价格指数,还是根据批发物价指数、国民生产总值折算指数,所计算出来的通货膨胀率都应完全一致。

四、计算题

①1. 假设某国 2020 年成年人口由以下构成:就业人数为 1.35 亿人,失业人数为 800 万人,非劳动力人口 7 000 万人。试求:

(1) 劳动力人数。

(2) 劳动力参与率。

(3) 失业率。

[2] 2. 已知某国生产三种产品，根据练习册表 5-1 数据计算 CPI 和通货膨胀率。

练习册表　5-1

产品	数量	基期价格	本期价格
A	1	1	1
B	1	3	4
C	3	2	4

[1] 3. 假设某国价格水平 1960 年为 100，1970 年为 105，1980 年为 110，1990 年为 120，2000 年为 150，则 20 世纪 60 年代、70 年代、80 年代、90 年代的通货膨胀率各为多少？

[3] 4. 1984 年某国通货膨胀率从 1979 年的 9%下降到 4%，而 1980—1984 年每年潜在的 GDP 和实际的 GDP 之差分别为 1 050 亿元、1 150 亿元、2 700 亿元、2 500 亿元、1 100 亿元，求逆转通货膨胀的代价。

*5. 已知产品市场的均衡条件为 $Y=850-25r$，货币市场的均衡条件为 $Y=-500+5M_s+10r$，经济在 $Y=650$ 时达到充分就业，如果名义货币供给 $M_s=200$，物价水平 $P=1$，试问：

（1）是否存在通货膨胀压力？

（2）当物价水平为何值时，才能实现宏观经济的一般均衡？

（3）如何变动名义货币量，才能达到充分就业的一般均衡？

*6. 假设货币流通速度和总产量（国民收入）分别为5万元和1 000万元不变，在货币供给从4 000万元减少到3 000万元时，试计算价格水平的变化。

五、分析讨论题

[①] 1. 失业、就业和不在工作的区别是什么？

[①]2. 摩擦性失业是不是一种自愿性失业？为什么？

[①]3. 工资上涨会导致消费增加，试问工资推动型通货膨胀可否也看作需求拉动型通货膨胀？

[③]4. 扩张性财政政策在什么情况下会导致通货膨胀？

*5. 高能货币增加在什么情况下导致通货膨胀？

* 6. 财政赤字不同的弥补方式与通货膨胀有何关系？

* 7. 在向公众举债弥补财政赤字的场合，中央银行“钉住利率”，对宏观经济有何影响？

③8. 现代货币主义关于通货膨胀的主要观点是什么？

③9. 短期菲利普斯曲线与长期菲利普斯曲线有何不同？两者的政策含义有何不同？

[1]10. 为什么发生超级通货膨胀时，人们宁愿坐出租车而不愿坐公交车？

六、论述题

[3]1. 简述通货膨胀的经济效应。

[2]2. 摩擦性失业为什么不可避免？政府可以采取哪些措施减少摩擦性失业？

七、综合分析题

[1]1. 你正与同学一起收听每天早 7 点的《新闻和报纸摘要》节目时，假设新闻主持人说："美国劳工部今天公布的失业统计数字表明，失业率从 6.1%上涨到 6.2%。这是失业率一直增加的第三个月。"你同学认为，每个月有工作的美国人越来越少了。从失业率统

计数字中可以得出你室友的说法吗？为什么？失业类型有哪些？并谈谈你对失业成本的理解。

2. 假设你向朋友解释“通货膨胀税”的概念。你正确地告诉他：“当政府发行货币来满足其支出，而不是通过收税或借款时，它就引起了通货膨胀。通货膨胀税只是由于这种通货膨胀而使货币贬值。因此，税收负担落在持有货币的人的身上。”你的朋友回答：“这种税有什么坏处呢？富人有许多钱，因此，对我而言通货膨胀税是公正的。也许政府应该发行货币来为所有支出筹资。”

(1) 富人持有的货币比穷人多，是正确的吗？

(2) 富人的收入中用货币持有的百分比会高于穷人吗？

(3) 与所得税相比，通货膨胀税加在富人身上的负担大，还是加在穷人身上的负担大？请解释一下。

(4) 还有其他原因可以说明采用通货膨胀税并不是一种好的政策吗？

经济增长与经济周期理论

一、名词解释

①1. 经济增长

①2. 经济发展

②3. 新古典增长模型

②4. 扩张阶段

②5. 收缩阶段

②6. 人力资本

②7. 资本深化

②8. 索洛剩余

②9. 经济周期

②10. 有保证的增长率

②11. 哈罗德—多马模型

*12. 乘数—加速数模型

二、单项选择题

1. 经济增长的标志是(　　)。
   A. 失业率下降　　B. 先进技术广泛应用
   C. 生产能力不断提高　　D. 城市化速度加快
2. 在经济学的分析中,经济增长理论主要研究(　　)。
   A. 发展中国家的经济发展问题　　B. 发达国家的经济增长问题
   C. 发达国家的经济发展问题　　D. 经济增长中的周期性波动问题

3. 在经济增长中起最重要作用的因素是(　　)。

A. 资本　　B. 劳动　　C. 技术进步　　D. 政治制度

4. 若实际产量每年以3.5%的增长率持续增长,在(　　)年后实际产量将翻一番。

A. 10　　B. 20　　C. 30　　D. 35

5. 假定两个国家有相同的人均产出,A国的年经济增长率为6%,B国的经济增长率为3%,(　　)年后A国的人均产出将为B国的4倍。

A. 12　　B. 24　　C. 36　　D. 48

6. 已知资本—产量比等于4,储蓄率是20%,按照哈罗德—多马模型,要使储蓄全部转化为投资,增长率应该是(　　)。

A. 7%　　B. 6%　　C. 5%　　D. 4%

7. 在哈罗德—多马模型中,当有保证的增长率小于实际增长率时,厂商的反应是(　　)。

A. 增加投资　　B. 减少投资

C. 保持原投资水平不变　　D. 以上说法均不准确

8. 在哈罗德—多马模型中,有保证的增长率和自然增长率的区别为(　　)。

A. 前者假定资本与劳动的比例不断提高,而后者没有

B. 前者以充分就业为前提,后者没有

C. 前者表示在均衡状态下增长,后者表示在充分就业状态下增长

D. 以上说法均不准确

9. 根据索洛的新古典增长模型,n表示人口增长率,δ表示折旧率,人均资本的增加等于(　　)。

A. $sy+(n+\delta)k$　　B. $sy+(\delta-n)k$　　C. $sy-(n+\delta)k$　　D. $sy-(\delta-n)k$

10. 在索洛的经济增长模型中,生活水平的不断提高是由于(　　)。

A. 导致人均产出持续增长的技术进步

B. 导致持续高增长率的高储蓄率

C. 能提供更多劳动力资源的高人口增长率

D. 以上说法都正确

11. 根据索洛模型,人口增长率的上升将(　　)。

A. 提高人均资本的稳定状态水平

B. 降低人均资本的稳定状态水平

C. 对人均资本的稳定状态水平没有影响

D. 降低资本的广化水平

12. 政府实施使储蓄等于投资的政策将(　　)。

A. 导致私人投资越来越少

B. 抑制增长率

C. 稳定经济的增长率

D. 导致社会资本过剩,私人生产资本缺乏

13. 在长期的经济运行中,最大可能实现的最大增长率为(　　)。

A. 有保证的增长率　　B. 自然增长率
C. 实际的增长率　　D. 以上说法均不准确

14. 根据新古典经济增长理论模型，一个国家的经济最终将(　　)。
A. 以一个不断增长的比率增长　　B. 保持一个长期均衡状态
C. 耗光自然资源难以维持生存　　D. 造成严重的污染使其人民难以生存

15. 人力资本是指(　　)。
A. 劳动本身　　B. 人所制造的机器
C. 人使用的机器　　D. 人的技能与知识

16. 其他条件相同的情况下，在较长一段时期内储蓄的增长可能(　　)。
A. 导致总需求曲线向左移动
B. 导致实际国民收入下降
C. 因而获得投资支出而提高经济增长率
D. 表现出“节俭悖论”现象

17. 下列属于资本深化的情况是(　　)。
A. 人口增长5%，资本存量增加10%
B. 人口增长5%，资本存量增加5%
C. 人口增长5%，资本存量增加4%
D. 人口没有增长，资本存量也没有增加

18. 在没有技术变革的情况下，资本深化最终会(　　)。
A. 提高资本—产量比
B. 降低资本—产量比
C. 使产出数量增加，而且增加的比例大于资本增加的比例
D. 使产出数量增加，而且增加的比例等于资本增加的比例

19. “资本深化”的含义是(　　)。
A. 相对于劳动力规模而言的资本高额增量
B. 引进体现技术变革的新的资本品
C. 资本的数量和生产率都发生了变化，使资本所有者在总产出中拥有的份额增加
D. 资本生产率提高，使总的资本存量减少了，或至少没有增加

20. 在索洛的新古典增长模型中，技术变革扮演的角色是(　　)。
A. 当不存在资本深化时，技术变革是经济增长重要的因素
B. 技术变革并不十分重要，只有资本深化才是最重要的因素
C. 如果不存在技术变革，收入和工资最终稳定不变
D. 技术变革在马尔萨斯的模型中显得更重要一些

21. 为了提高经济增长率，可采取的最优措施是(　　)。
A. 加强政府的宏观调控
B. 刺激消费水平
C. 延长工作时间

D. 推广基础科学及应用科学的研究成果

22. 根据哈罗德的分析，如果有保证的增长率 G_W 大于自然增长率 G_N，经济将(　　)。

A. 持续高涨　　B. 长期萧条　　C. 均衡增长　　D. 不能确定

23. 如果实现了哈罗德的自然增长率，将使(　　)。

A. 社会资源得到充分利用　　B. 实现均衡增长

C. 实现充分就业下的均衡增长　　D. 经济持续高涨

24. 要达到充分就业下的均衡增长，必须使(　　)。

A. $G_A=G_N$　　B. $G_A=G_W$　　C. $G_A=G_N=G_W$　　D. $G_W=G_N$

25. 在哈罗德增长模型中，已知有保证的储蓄率小于实际储蓄率，有保证的资本—产量比等于实际的资本—产出率，那么有保证的增长率(　　)。

A. 小于实际增长率　　B. 大于实际增长率

C. 等于实际增长率　　D. 不能确定

26. 在新古典增长模型中，均衡点是指(　　)。

A. 实际增长率等于有保证的增长率

B. 实际增长率等于自然增长率

C. 有保证的增长率等于自然增长率

D. 整个社会的积累正好用于装备新增加的人口对资本的需求

27. 资本与劳动在生产上是可以相互代替的，这属于(　　)。

A. 哈罗德模型的假设条件

B. 新剑桥经济增长模型的假设条件

C. 新古典增长模型的假设条件

D. 是哈罗德模型和新古典增长模型共同的假设条件

28. 下列(　　)项是新古典经济增长模型所包含的内容。

A. 均衡的增长率取决于有效需求的大小

B. 要实现充分就业的均衡增长，要使 $G_A=G_N=G_W$

C. 通过调整收入分配，降低储蓄率，可以实现充分就业的均衡增长

D. 从长期看，由于市场的作用，经济总会趋向于充分就业的均衡增长

29. 如果在某一时期内国民收入增加，但增长率趋于下降，则可能存在(　　)。

A. 净投资持续增长　　B. 净投资持续下降

C. 总投资持续增加　　D. 重置投资持续下降

30. 黄金分割律是指(　　)。

A. 短期提高人均产出的规律

B. 资本边际产出等于人口增长率的原则

C. 储蓄率等于人口增长率的原则

D. 产出增长率等于技术变化率的原则

31. 用 GDP 值来衡量经济发展好坏的不足之处在于(　　)。

A. GDP 不能反映一国的经济福利程度

B. GDP 忽略了休闲时间的增加

C. GDP不能把产品的品种变化包括进去

D. 以上都对

32.（　）情况不是不发达国家经济发展的主要障碍。

A. 人口增长　　B. 跨国公司的存在

C. 低储蓄率　　D. 国际债务

33. 经济增长的源泉不包括（　）。

A. 资本　　B. 劳动　　C. 技术进步　　D. 战争

34. 全球性的经济增长放慢不能用的解释是（　）。

A. 劳动力的大量更新导致平均经验水平的下降

B. 政府制定较多的法规来保护环境

C. 20世纪70年代石油价格大幅度变动使一些资本过早地被废弃

D. 地区间的矛盾冲突

35. 哈罗德的有保证的增长速度是这样一种增长速度，它不是（　）。

A. 使企业家满意于他们在过去已作出了正确的决策，并准备继续以同样的发展速度经营

B. 使事前投资等于事前储蓄

C. 达到充分就业时期的增长速度

D. 等于意愿的资本需求量除以边际储蓄倾向

36. 根据哈罗德的定义，有保证的增长率G_W与实际增长率G_N之间不可能有的关系是（　）。

A. $G_W > G_A$　　B. $G_W = G_A$　　C. $G_W < G_A$　　D. 线性相关

37. 罗伯特·索洛创立的新古典增长模型，假设不包括（　）。

A. 分析潜在产出的增长

B. 经济是完全自由竞争的

C. 劳动与资本两种生产要素可以互相替代

D. 全社会只生产一种产品

38. 在没有人口增长和没有技术进步的稳定状态下，（　）。

A. 人均资本达到均衡值并在一段时间内保持不变

B. 人均消费达到最大值

C. 人均产量达到稳定状态

D. 以上都对

39. 在新古典增长模型中要实现稳态，则要满足（　）。

A. $\Delta k = 0$

B. 人均储蓄等于资本的广化

C. 总资本存量与劳动力按同比率以增长

D. 以上都对

40. 关于要素生产率方面的因素，丹尼森把它看作产量与投入量之比，主要取决于（　）。

A. 资源配置状况　　　　B. 规模经济
C. 知识进展　　　　D. 以上都对

41. 一般而言，测度经济周期的宏观经济指标为（　）。
A. GDP 绝对值的变动
B. GDP 增长率的变动
C. 包括 GDP 在内的多种指标的综合指标
D. 失业率与通货膨胀率

42. 下述关于经济周期特征的描述，错误的是（　）。
A. 实际 GDP、就业、价格水平和金融市场变量等是理解经济周期的重要变量
B. 经济周期一般可以分为波峰和谷底两个阶段
C. 经济周期具有循环性
D. 经济周期的时间长短具有较大的差别

43. 以下（　）情况在经济衰退中不会发生。
A. 产量增长下降　　　　B. 每位工人工作小时数增加
C. 通货膨胀率降低　　　　D. 实际工资降低

44. 下列不是实际经济周期理论的特征的是（　）。
A. 当事人的目的是在约束条件下的效用最大化
B. 当事人理性的形成预期，不会受到信息不对称的危害
C. 价格的灵活性可以确保持续的市场出清
D. 货币冲击是影响产出、就业波动的主要因素

45. 经济波动的周期的 4 个阶段依次为（　）。
A. 扩张、峰顶、衰退、谷底　　　　B. 峰顶、衰退、谷底、扩张
C. 谷底、扩张、峰顶、衰退　　　　D. 以上各项均对

46. 乘数原理和加速原理的关系是（　）。
A. 乘数原理说明国民收入的决定，加速原理说明投资的决定
B. 两者都说明投资的决定
C. 乘数原理解释经济如何走向繁荣，加速原理说明经济怎样陷入萧条
D. 只有乘数作用时国民收入的变动比乘数、加速数作用相结合时的变动要更大一些

47. 当国民收入在乘数和加速数的作用下趋于下降时，其减少将受到（　）因素而放慢。
A. 失业增加　　　　B. 边际消费倾向下降
C. 加速系数上升　　　　D. 总投资降为零

48. 当国民收入在乘数和加速数的作用下趋于扩张时，其增加将因（　）因素而放慢。
A. 加速系数下降　　　　B. 边际消费倾向提高
C. 失业的存在　　　　D. 充分就业

49. 经济之所以会发生周期性波动，是因为（　）。

A. 乘数作用　　B. 加速数作用
C. 乘数和加速数的交织作用　　D. 外部经济因素的变动

50. 如果国民收入在某个时期内保持稳定，则净投资很可能(　　)。
A. 为零　　B. 持续增加　　C. 持续下降　　D. 不稳定

51. 当某一社会经济处于经济周期的扩张阶段时，有(　　)。
A. 经济的生产能力超过它的消费需求
B. 总需求逐渐增长，但没有超过总供给
C. 存货的增加与需求的减少相联系
D. 总需求超过总供给

52. 根据现代关于经济周期的定义，经济周期是指(　　)。
A. GDP 值上升和下降的交替过程
B. 人均 GDP 值上升和下降的交替过程
C. GDP 值增长率上升和下降的交替过程
D. 以上各项均对

53. 朱格拉周期是一种(　　)。
A. 短周期　　B. 中周期　　C. 长周期　　D. 不能确定

54. 基钦周期是一种(　　)。
A. 短周期　　B. 中周期　　C. 长周期　　D. 不能确定

55. 康德拉季耶夫周期是一种(　　)。
A. 短周期　　B. 中周期　　C. 长周期　　D. 不能确定

56. 经济周期的中心是(　　)。
A. 价格的波动　　B. 利率的波动
C. 国民收入的波动　　D. 就业率的波动

57. 中周期的每一个周期为(　　)。
A. 5～6 年　　B. 8～10 年　　C. 25 年左右　　D. 50 年左右

58. 50～60 年一次的经济周期被称为(　　)。
A. 基钦周期　　B. 朱格拉周期
C. 康德拉季耶夫周期　　D. 库兹涅茨周期

59. 乘数原理和加速原理的联系在于(　　)。
A. 前者说明投资的变化对国民收入的影响；后者说明国民收入变化对投资的影响
B. 两者都说明了投资是怎样产生的
C. 前者解释了经济如何走向繁荣，后者说明经济怎样陷入萧条
D. 前者解释了经济如何陷入萧条，后者说明经济怎样走向繁荣

三、判断题

(　　)[①]1. 经济增长是指一个经济体产量的增加，其中产量既可以表示为经济的总产量，也可以表示为人均产量。

(　　)[①]2. 经济增长的程度可以用增长率来描述。

(　　)[③]3. 在新古典增长模型中,储蓄率的上升可以提高稳态增长率和提高收入的稳态水平。

(　　)[③]4. 在新古典增长模型中,人口增长率的上升提高了总产量的稳态增长率。

(　　)[②]5. 资本的黄金律水平是指使稳态人均消费量达到最大化的资本量。其条件是资本的边际产品等于劳动的增长率加上折旧率。

(　　)[①]6. 经济周期是可以预期的,因为它的发生常常是很有规律的。

(　　)[①]7. 如果潜在的实际 GDP 是 8 000 亿元,而实际产出是 10 000 亿元,则经济处于萧条阶段。

(　　)[①]8. 刺激总需求不能促进一个国家的长期经济发展。

(　　)[①]9. 社会所能达到的最大经济增长率即潜在 GDP 增长率。

(　　)[②]10. 储蓄率不能影响经济增长,经济增长由劳动投入的增长和技术进步决定。

(　　)[②]11. 全要素生产率就是劳动生产率。

(　　)[②]12. 在其他条件不变的情况下,若工人使用更好的机械设备和接受培训,那么单位投入的产出将增加。

(　　)[①]13. 索洛模型把一个社会的储蓄分为资本深化和资本广化两个部分。

(　　)[①]14. 新古典经济增长模型假定只有两种投入要素:资本和劳动,且两者不可以相互替代。

(　　)[①]15. 人均 GDP 的持续增长主要是因为生产率的提高而不是劳动力的增加。

(　　)[①]16. 只有当人口增长快于 GDP 的增长时,才能达到人均 GDP 的增长。

(　　)[②]17. 在新古典经济增长模型中,单位劳动力的产出是资本的深化和资本的广化两者之和。

(　　)*18. 乘数的作用导致国民收入增加,加速数的作用导致国民收入减少。因此,乘数和加速数的交织作用造成经济的周期性波动。

(　　)[②]19. 一般在经济繁荣时期,总需求大于总供给,经济中存在通货膨胀,政府通过紧缩性的财政政策来压抑总需求,可以实现物价稳定。

(　　)*20. 加速原理是一种用外部因素的变化来解释经济周期的原理。

(　　)[①]21. 根据新古典经济增长模型,劳动、资本的增长或技术水平的提高都可以带来经济增长。

(　　)[①]22. 经济周期的四个阶段在波动范围和延续时间上是相等的。

(　　)[①]23. 经济周期是总体经济活动的波动,也就是国民收入的波动。

(　　)[③]24. 熊彼特周期是一种长周期。

(　　)[②]25. 在经济衰退时期,人们的可支配收入中消费的比例将减小。

(　　)[①]26. 在经济周期的繁荣阶段,失业率会上升。

(　　)[①]27. 经济周期是经济活动总水平的长期的、波浪式的运动。

四、计算题

[①]1. 假设有两个国家 A 与 B,A 国的人均实际收入为 10 000 元,B 国为 5 000 元,A

国的人均实际收入增长率为每年1%。

(1) 如果B国实际人均收入年增长率为10%,则4年后两国实际人均收入差额为多少?

(2) 如果B国实际人均收入年增长率为20%,则4年后两国间实际人均收入相差多少?用多少年B国可以超过A国?

[①]2. 已知资本率 $g_k=2\%$,劳动增长率 $g_l=0.8\%$,产出增长率 $g_y=3.1\%$,资本的国民收入份额 $\alpha=0.25$,在这些条件下,技术进步对经济增长的贡献为多少?

[①]3. 已知平均储蓄倾向为0.18,资本—产量比等于3,求有保证的经济增长率?

[①]4. 根据哈罗德—多马经济增长模型 $G_w=s/v$,已知某国的平均储蓄倾向 $s=0.12$,资本—产量比 $v=3$,求有保证的经济增长率。

②5. 已知某国的资本—产出比为 4，假设其某年的国民收入为 1 000 亿元，消费为 800 亿元，根据哈罗德—多马经济增长模型 $G_w = s/v$，要使该年的储蓄全部转化为投资，第二年的增长率应该为多少？请予以解释。

②6. 在新古典增长模型中，假设人均生产函数为 $y = 2k - 0.5k^2$，人均储蓄率为 0.3，人口增长率为 3%，折旧率忽略不计，求：

(1) 使经济均衡增长的 k 值。

(2) 黄金分割律所要求的人均资本量。

②7. 在新古典增长模型中，假设人均生产函数为 $y = 2k - 0.5k^2$，人均储蓄率 $s = 0.1$，人口增长率 $n = 0.05$，折旧率 $\delta = 0.05$，求：

(1) 稳态时的人均资本和人均产量。

(2) 稳态时的人均储蓄和人均消费。

五、分析讨论题

②1. 什么是经济增长？发达国家经济增长的主要特征有哪些？

②2. 为什么经济学家认为技术进步是发达国家经济增长的最重要因素？

②3. 哈罗德—多马模型的主要内容是什么？它的经济意义是什么？

[3]4. 政府的政策将如何消除哈罗德—多马模型的不稳定因素?

*5. 哈罗德—多马模型对经济增长的意义是什么?

[1]6. 某一时期大批新工人迅速涌入劳动队伍,会对生产率产生什么影响?

②7. 丹尼森认为影响经济增长的因素有哪些？

③8. 库兹涅茨是如何划分经济增长因素的？

①9. 利用经济周期的定义，解释为什么衰退不一定表现为 GDP 绝对量的下降。

[1] 10. 经济周期的类型有哪些？

[1] 11. 发展中国家为什么必须控制人口增长？

六、论述题

[2] 1. 试述政府可以采取什么措施对经济波动实行控制。

[3] 2. 熊彼特是如何用创新理论解释经济周期的？

* 3. 乘数原理和加速原理有什么联系和区别？

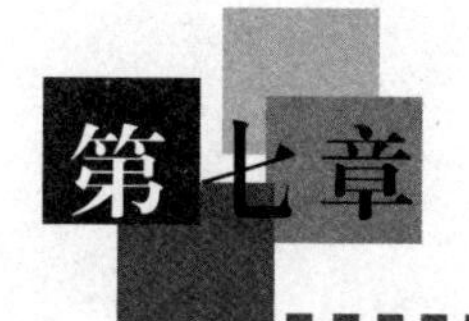

宏观经济政策实践

一、名词解释

[①] 1. 财政政策

[①] 2. 货币政策

[①] 3. 充分就业

[①] 4. 存款准备金

[②] 5. 挤出效应

[①] 6. 法定存款准备金率

[③] 7. 财政政策和货币政策的混合使用

[1]8. 自动稳定器

[3]9. 斟酌使用的财政政策

[3]10. 功能财政

[1]11. 货币创造乘数

[2]12. 基础货币

[1]13. 再贴现率

[1]14. 公开市场业务

[2]15. 年度平衡预算

[2]16. 周期平衡预算

二、单项选择题

[①]1. 宏观经济政策的目标有(　　)。

A. 充分就业

B. 物价水平稳定

C. 国际收支平衡

D. 充分就业、物价水平稳定、经济增长、国际收支平衡

[①]2. 属于紧缩性财政政策工具的是(　　)。

A. 减少政府支出和减少税收　　B. 减少政府支出和增加税收

C. 增加政府支出和减少税收　　D. 增加政府支出和增加税收

[①]3. 在经济过热时,政府应该采取(　　)的财政政策。

A. 减少政府财政支出　　B. 增加财政支出

C. 扩大财政赤字　　D. 减少税收

[①]4. 降低贴现率的政策(　　)。

A. 将增加银行的贷款意愿　　B. 将制约经济活动

C. 与提高法定准备金率的作用相同　　D. 通常导致债券价格下降

[①]5. 紧缩性货币政策的运用会导致(　　)。

A. 减少货币供给量,降低利率　　B. 增加货币供给量,降低利率

C. 减少货币供给量,提高利率　　D. 增加货币供给量,提高利率

[①]6. 法定准备金率越高(　　)。

A. 银行越愿意贷款　　B. 货币供给量越大

C. 越可能引发通货膨胀　　D. 商业银行存款创造越困难

[③]7. 对利率变动反应最敏感的是(　　)。

A. 货币的交易需求　　B. 货币的谨慎需求

C. 货币的投机需求　　D. 三种需求反应相同

[③]8. 在(　　)的情况下,紧缩货币政策的有效性将减弱。

A. 实际利率很低　　B. 名义利率很低

C. 实际利率很高　　D. 名义利率很高

[①]9. 政府的财政收入政策通过(　　)因素对国民收入产生影响。

A. 政府转移支付　　B. 税收

C. 消费支出　　D. 出口

[②]10. 假定政府没有实行财政政策,国民收入水平的提高可能导致(　　)。

A. 政府支出增加　　B. 政府税收增加

C. 政府税收减少　　D. 政府财政赤字增加

[③]11. 扩张性财政政策对经济的影响是(　　)。

A. 缓和了通货膨胀但增加了政府债务

B. 加剧了通货膨胀但减少了政府债务

C. 缓和了经济萧条也减轻了政府债务

D. 缓和了经济萧条但增加了政府债务

③12. 商业银行之所以会有超额储备，是因为（　　）。

A. 吸收的存款太多　　B. 未找到那么多合适的贷款对象
C. 向中央银行申请的贴现太多　　D. 以上几种情况都有可能

③13. 市场利率提高，银行的准备金会（　　）。

A. 增加　　B. 不变
C. 减少　　D. 以上几种情况都有可能

③14. 货币供给增加使 LM 右移，若要均衡收入变动接近于 LM 的移动量，则必须是（　　）。

A. LM 陡峭，IS 也陡峭　　B. LM 和 IS 一样平缓
C. LM 陡峭而 IS 平缓　　D. LM 平缓而 IS 陡峭

③15. 在（　　）情况下增加货币供给不会影响均衡收入。

A. LM 陡峭而 IS 平缓　　B. LM 垂直而 IS 陡峭
C. LM 平缓而 IS 垂直　　D. LM 和 IS 一样平缓

③16. 政府支出增加使 IS 右移，若要均衡收入变动接近于 IS 的移动量，则必须是（　　）。

A. LM 平缓而 IS 陡峭　　B. LM 垂直而 IS 陡峭
C. LM 和 IS 一样平缓　　D. LM 陡峭而 IS 平缓

③17. 在（　　）的情况下，挤出效应可能很大。

A. 货币需求对利率敏感，私人部门支出对利率不敏感
B. 货币需求对利率敏感，私人部门支出对利率也敏感
C. 货币需求对利率不敏感，私人部门支出对利率不敏感
D. 货币需求对利率不敏感，私人部门支出对利率敏感

②18. 挤出效应越接近 100%，财政支出政策（　　）。

A. 越有效　　B. 越无效　　C. 效力不变　　D. 无法确定

①19. 假定挤出效应为零，边际消费倾向等于 80%，政府同时增加 100 万元的支出和税收，将使国民收入（　　）。

A. 保持不变　　B. 减少 100 万元
C. 增加 100 万元　　D. 无法确定

②20. 为了刺激经济，政府决定增拨 10 亿元来修筑机场。在国民收入形成新的均衡的时候，（　　）。

A. 政府支出与消费支出都增加了 10 亿元
B. 政府支出的增加大于 10 亿元，消费支出增加 10 亿元
C. 政府支出增加 10 亿元，消费支出的增加大于 10 亿元
D. 政府支出增加 10 亿元，消费支出的增加小于 10 亿元

③21. 已知某个国家的预算是平衡的，国民收入还未达到充分就业的水平。在政府支出和税率不变的条件下，如果私人投资增加，那么在国民收入形成新的均衡时（　　）。

A. 政府财政收支平衡　　B. 出现财政赤字

C. 出现财政盈余　　D. 无法确定

③22. 如果政府的债务主要是外部债务,即政府债务掌握在外国人手中,那么政府承受的货币负担是(　　)。

A. 通过征税偿还债务　　B. 货币供给量减少

C. 货币国民生产总值下降　　D. 不会影响任何人的利益

①23. 某居民预料债券价格将要下跌而把货币保留在手中,这种行为是出于(　　)。

A. 交易动机　　B. 预防动机

C. 投机动机　　D. 三种动机都有

①24. 商业银行所以能创造存款货币,条件之一是(　　)。

A. 商业银行的储备率低于100%　　B. 商业银行有权发行纸币

C. 商业银行是非营利性机构　　D. 商业银行的储备率高于100%

③25. 在(　　)的情况下,货币供给对国民收入的影响最大。

A. 货币需求和投资都富有利率弹性

B. 货币需求缺乏利率弹性,投资富有利率弹性

C. 货币需求富有利率弹性,投资缺乏利率弹性

D. 货币需求和投资都缺乏利率弹性

③26. 流动偏好曲线表明(　　)。

A. 利息率越高,债券价格越高,人们预期债券价格下跌而购买更多的债券

B. 利息率越低,债券价格越高,人们预期债券价格下跌而购买更多的债券

C. 利息率越低,债券价格越高,人们预期债券价格下跌而保留更多的货币在手中

D. 债券价格越高,人们为购买债券所需要的货币就越多

③27. 凯恩斯学派的宏观货币政策和宏观财政政策的区别在于(　　)。

A. 前者主要用于对付经济萧条,后者主要用于对付通货膨胀

B. 前者主要通过改变投资支出发生作用,后者主要通过影响消费支出发生作用

C. 前者主要通过影响利息率来影响总需求,后者主要通过政府支出和税收的变化来影响总需求

D. 前者主要通过政府支出和税收的变化来影响总需求,后者主要通过影响利息率来影响总需求

③28. 在(　　)的情况下,中央银行降低贴现率不能发挥应有的作用。

A. 商业银行向中央银行借款以补充储备

B. 商业银行不增加向中央银行借款

C. 商业银行向中央银行借款以补充流动资金

D. A和C

①29. 公开市场业务是指(　　)。

A. 商业银行的信贷活动

B. 中央银行增减对商业银行的贷款

C. 中央银行在公开市场上买卖政府债券的活动

D. 商业银行在公开市场上买卖政府债券的活动

③30. 货币学派主张政府实行的货币政策是(　　)。

A. 在经济萧条时期应收缩货币供给量,在通货膨胀时期应扩大货币供给量

B. 逐步提高货币供给量的增长率,以不断缩小它与实际国民生产总值增长率的差距

C. 逐步降低货币供给量的增长率,以不断增大它与实际国民生产总值增长率的差距

D. 稳定货币供给量的增长率,使它与实际国民生产总值的增长率大致相等

②31. 紧缩性货币政策的运用将导致(　　)。

A. 减少货币供给量,降低利率　　B. 增加货币供给量,提高利率

C. 减少货币供给量,提高利率　　D. 增加货币供给量,降低利率

②32. 属于紧缩性财政政策工具的是(　　)。

A. 减少政府支出和增加税收　　B. 减少政府支出和减少税收

C. 增加政府支出和减少税收　　D. 增加政府支出和增加税收

②33. 中央银行的下列做法中不属于扩张性货币政策的是(　　)。

A. 增加货币供给　　B. 买进政府债券

C. 降低法定准备金率　　D. 提高再贴现率

②34. 中央银行的下列做法中不属于紧缩性货币政策的是(　　)。

A. 减少货币供给　　B. 卖出政府债券

C. 提高法定准备金率　　D. 降低再贴现率

②35. 政府实行紧缩性财政政策,会引起(　　)。

A. r 上升,Y 增加　　B. r 上升,Y 减少

C. r 下降,Y 增加　　D. r 下降,Y 减少

②36. 政府实行扩张性货币政策,会引起(　　)。

A. r 上升,Y 增加　　B. r 上升,Y 减少

C. r 下降,Y 增加　　D. r 下降,Y 减少

②37. 当经济中存在通货膨胀时,应该采取的财政政策工具是(　　)。

A. 增加政府支出和减少税收　　B. 减少政府支出和减少税收

C. 减少政府支出和增加税收　　D. 增加政府支出和增加税收

②38. 当一国经济出现过热现象,容易引发通货膨胀时,货币当局可以采取(　　)的方法控制货币供给量。

A. 在公开市场上出售证券　　B. 降低再贴现率

C. 降低法定准备金率　　D. 以上方法都可以

②39. 为了增加货币供给,中央银行应使用(　　)的方法

A. 增加财政赤字　　B. 降低法定准备金率

C. 提高再贴现率　　D. 出售政府债券

③40. 一国政府同时实施扩张性财政政策和紧缩性货币政策时,其效应为(　　)。

A. 利率上升,产出不确定　　B. 产出减少,利率不确定
C. 利率下降,产出不确定　　D. 产出增加,利率不确定

[③]41. 一国政府同时实施紧缩性财政政策和紧缩性货币政策时,其效应为(　　)。
A. 利率上升,产出不确定　　B. 产出减少,利率不确定
C. 利率下降,产出不确定　　D. 产出增加,利率不确定

[③]42. 一国政府同时实施紧缩性财政政策和扩张性货币政策时,其效应为(　　)。
A. 利率上升,产出不确定　　B. 产出减少,利率不确定
C. 利率下降,产出不确定　　D. 产出增加,利率不确定

[③]43. 一国政府同时实施扩张性财政政策和扩张性货币政策时,其效应为(　　)。
A. 利率上升,产出不确定　　B. 产出减少,利率不确定
C. 利率下降,产出不确定　　D. 产出增加,利率不确定

[③]44. 政府实行扩张性的财政政策和扩张性的货币政策时,利率(　　)。
A. 上升　　B. 下降　　C. 不变　　D. 不确定

[③]45. 政府实行紧缩性的财政政策和扩张性的货币政策时,利率(　　)。
A. 上升　　B. 下降　　C. 不变　　D. 不确定

[③]46. 经济中存在失业时,应运用的财政政策工具是(　　)。
A. 增加政府支出　　B. 提高个人所得税
C. 提高公司所得税　　D. 增加货币发行量

[③]47. 挤出效应发生于(　　)的情况下。
A. 货币供给的减少引起利率提高,挤出了私人部门的投资和消费
B. 对私人部门增税,引起私人部门的可支配收入和支出的减少
C. 政府支出的增加,提高了利率,挤出了私人部门支出
D. 政府支出减少,引起消费支出下降

[②]48. 自动稳定器的功能(　　)。
A. 旨在缓解周期性的经济波动　　B. 旨在稳定收入、刺激价格波动
C. 旨在保持物价水平的充分稳定　　D. 旨在推迟经济的衰退

三、判断题

(　　)[①]1. 增加政府支出属于扩张性的货币政策。
(　　)[①]2. 内在稳定器有助于缓和经济的波动。
(　　)[②]3. 假如挤出效应等于100%,财政支出政策十分有效。
(　　)[②]4. 只要挤出效应小于100%,政府支出的增加就能刺激国民收入的增加。
(　　)[②]5. 失业保险制度对国民收入水平变动能起到自动稳定的作用。
(　　)[②]6. 中央银行购买政府债券将引起货币供给量的减少。
(　　)[③]7. 凯恩斯学派认为,要对付经济萧条,宏观财政政策比宏观货币政策更有效。
(　　)[③]8. 如果利率水平处在流动性陷阱区域,则货币政策是无效的。
(　　)[①]9. 中央银行的主要职能之一是控制国家的货币供给。

(　　)[①]10. 改变商业银行的活期存款准备率是中央银行最常使用的货币政策工具。

(　　)[①]11. 宏观经济政策的目标之一是使失业率降到自然失业率之下。

(　　)[③]12. 大众持有现金的偏好增强,货币创造乘数会下降。

(　　)[②]13. 中央银行规定的法定准备金率越高,存款创造乘数也就越大。

(　　)[②]14. 提高贴现率可以刺激商业银行增加贷款。

(　　)[②]15. 如果中央银行希望降低利率,那么它可以在公开市场上出售政府证券。

(　　)[②]16. 扩张性的货币政策使得利率下降,国民收入上升。

(　　)[②]17. 当 LM 曲线为一条水平线时,扩张性财政政策没有挤出效应,财政政策对实际国民收入的影响最大。

(　　)[②]18. 当 IS 曲线为一条水平线时,扩张性货币政策不会引起利率上升,只会使实际国民收入增加。

(　　)[②]19. IS 曲线越平坦,LM 曲线越陡峭,财政政策效果就越大。

(　　)[②]20. 累进的个人所得税可以发挥财政政策"内在稳定器"的功能。

(　　)[②]21. 财政政策可以直接影响总需求,货币政策则是间接影响总需求。

(　　)[②]22. 增加税收和增加政府支出都属于扩张性的财政政策。

(　　)[①]23. 在总需求量不足时,政府可采取扩张性的财政政策来抑制衰退。

(　　)[②]24. 在 LM 曲线不变时,IS 曲线的斜率的绝对值越大,财政政策效果越大。

(　　)[②]25. 如果经济处于充分就业状态,则增加政府支出完全不会挤占私人投资和消费支出。

(　　)[②]26. IS 曲线越平坦,扩张性财政政策的效果就越小。

(　　)[②]27. 在非充分就业情况下,增加政府支出对私人投资和消费不存在挤出效应。

(　　)[②]28. 平衡预算财政思想认为,为实现充分就业和消除通货膨胀,需要赤字就赤字,需要盈余就盈余

(　　)[①]29. 充分就业意味着失业率为零。

(　　)[②]30. 自动稳定器不能完全抵消经济的不稳定性。

(　　)[①]31. 在古典极端情况下,财政政策完全无效,而货币政策则有效果。

(　　)[①]32. 政府税收不具有自动稳定经济的作用。

(　　)[①]33. 在经济繁荣时,政府转移支付的自动变化具有自动稳定经济的作用。

(　　)[②]34. 当要减少货币供给量时,中央银行应降低再贴现率。

(　　)[②]35. 当经济衰退时,一国货币当局应提高再贴现率,在公开市场上买进政府债券,降低法定准备金率。

(　　)[①]36. 货币政策工具主要有再贴现率政策、公开市场业务和道义劝告。

四、计算题

[①]1. 某两部门经济中,假定货币需求为 $L=0.2Y$,货币供给为 200 亿美元,消费 $C=100+0.8Y$,投资 $I=140-5r$。

(1) 根据这些数据求 IS 和 LM 的方程。均衡收入、利率和投资各为多少?

（2）若货币供给从200亿美元增加到220亿美元，LM曲线如何移动？均衡收入、利率和投资各为多少？

（3）为什么均衡收入增加量等于LM曲线移动量？

[1] 2. 某两部门经济中，假定货币需求为$L=0.2Y-4r$，货币供给为200亿美元，消费$C=100+0.8Y$，投资为$I=150$亿美元。

（1）求IS和LM方程。

（2）求均衡收入、利率、消费和投资。

（3）若货币供给增加20亿美元，而货币需求不变，收入、利率、投资和消费有什么变化？

（4）为什么货币供给增加后收入不变而利率下降？

[2] 3. 假设货币需求为$L=0.2Y-10r$，货币供给为200亿元，$C=60+0.8Y_d$，税收$T=100$亿元，$I=150$亿元，$G=100$亿元。

（1）求IS和LM方程。

（2）求均衡收入、利率和投资。

（3）政府支出从100亿元增加到120亿元时，均衡收入、利率和投资有何变化？

（4）是否存在“挤出效应”？

[2]4. 假设货币需求为$L=0.2Y$,货币供给为200亿元,$C=90+0.8Y_d$,税收$T=50$亿元,$I=140-5r$,$G=50$亿元。

(1) 求IS和LM方程。

(2) 求均衡收入、利率和投资。

(3) 若政府购买增加了20亿元时,均衡收入、利率和投资有何变化?

(4) 是否存在挤出效应?

[3]5. 某商业银行体系共持有准备金300亿元,公众持有的通货数量为100亿元,中央银行对活期存款和非个人定期存款规定的法定准备金率分别为15%和10%,据测算,流通中现金漏损率(现金/活期存款)为25%,商业银行的超额准备金率为5%,而非个人定期存款比率为50%。试求:

(1) 活期存款乘数。

(2) 货币乘数(指狭义货币M_1)。

(3) 狭义货币供应量M_1。

[2]6. 假设现金存款比率为0.38,准备金率(包括法定的和超额的)为0.18,试问货币创造乘数为多少?若增加基础货币100亿元,货币供给变动多少?

②7. 假设法定存款准备金率为0.1,没有超额准备金,对现金的需求是1000亿元。

(1) 假定总准备金是400亿元,货币供给是多少?

(2) 假定总准备金是400亿元,若中央银行把准备金率提高到0.2,货币供给是多少?

(3) 若中央银行买进10亿元债券,货币供给增加多少?

五、简答题

②1. 何为挤出效应? 说明影响挤出效应的主要因素。

③2. 什么是货币政策的内部时滞?

[3] 3. 平衡预算的财政思想和功能财政思想有哪些区别？

[3] 4. 什么是公开市场操作？这一货币政策工具有哪些优点？

[2] 5. 什么是财政政策的“内在稳定器”？其主要内容有哪些？

[3] 6. 什么是斟酌使用的财政政策和货币政策？

六、论述题

[①]1. 什么是财政政策和货币政策？为什么财政政策和货币政策可以用来调节经济？

[③]2. 什么是自动稳定器？是否税率越高，税收作为自动稳定器的作用越大？

七、综合分析题

1. 你正在看人民网的国际财经新闻。其中一篇报道说，美联储为防止未来的通货膨胀而把今天的利率提高0.25个百分点。然后报道转向与著名政治家的对话。一位国会议员对美联储这种变动的反应是负面的。她说："消费物价指数并没有上升，但美联储由于对付通货膨胀的假设而限制经济增长。我想知道，为什么当我得到贷款时不得不支付更高的利息。我认为这是一种暴行，而且，我认为国会应该有质询美联储决策的权力，尽管在宴会进行时拿走香槟酒杯是不受欢迎的。"

(1) 试分析美联储提高了什么利率。

(2) 说明美联储关于货币供给的政策。

(3) 为什么美联储在 CPI 开始上升之前提高利率？

(4) 许多经济学家认为，美联储需要独立于政治。用这位女议员的话来解释为什么大多数经济学家认为美联储需要独立性。

*2. 假定某封闭经济，价格水平固定为 1，$Y=C+I+G$，$L=0.2Y-1\,000r$，$I=800-1\,000r$，$G=200$，$M=900$。消费需求受利率影响时，消费函数为 $C_1=200+0.8Y-1\,000r$，当消费需求不受利率影响时，消费函数为 $C_2=200+0.8Y$。

(1) 比较消费取决于利率和不取决于利率时该封闭经济的 IS 曲线的形状，哪一种情形下 IS 曲线更为陡峭？为什么？

(2) 其他条件相同，分别计算消费需求为 C_1 和 C_2 时，经济均衡时的总收入和利率水平为多少？

(3) 当政府支出增加为 400 时，两种情形下的总收入和均衡利率分别为多少？哪种情形下的财政政策影响更大？为什么？

第三部分

宏观经济学练习册参考答案

- 第一章　国民收入核算理论的参考答案
- 第二章　简单国民收入决定理论的参考答案
- 第三章　产品市场与货币市场的一般均衡的参考答案
- 第四章　总需求—总供给模型的参考答案
- 第五章　失业与通货膨胀理论的参考答案
- 第六章　经济增长与经济周期理论的参考答案
- 第七章　宏观经济政策实践的参考答案

第一章

国民收入核算理论的参考答案

一、名词解释

1. 国内生产总值：一个国家在一定时期内(通常一年)运用生产要素所生产的全部最终物品和劳务的市场价值总和。

2. 国民生产总值：一个国家的国民在一定时期内(通常一年)拥有的全部生产要素所生产的最终产品的市场价值总和。

3. 国民收入：一个国家生产要素在一定时期提供生产性服务所得到的全部收入，等于工资、利润、利息和地租的总和。

4. 个人收入：一个国家一年内个人所得到的全部收入，等于国民收入中减去公司未分配利润、公司所得税及社会保险税，加上政府给个人的转移支付。

5. 个人可支配收入：一个国家一年内个人可以支配的全部收入，等于个人收入减去个人所得税。

6. 名义国内生产总值：用生产物品和劳务的当年价格计算的全部最终产品的市场价值。

7. 实际国内生产总值：用从前某一年作为基期的价格计算出来的全部最终产品的市场价值。

8. 国内生产总值折算指数：名义国内生产总值与实际国内生产总值的比值。

9. 最终产品：在一定时期内生产的并由其最后使用者购买的物品和劳务。

10. 中间产品：用于再出售而供生产别种产品的产品。

11. 重置投资：用于补偿在生产过程中损耗掉的资本设备的投资，数量等于折旧额。重置投资是保证再生产所必需的条件，重置投资额取决于资本设备的数量，构成和使用年限等。

二、单项选择题

1～5	AACBB	6～10	AABCD	11～15	ADDDB	16～20	CACBD
21～25	CCDCD	26～30	DAAAD	31～35	AACCD	36～40	CDACB
41～45	BCDBA	46～50	BBBDD	51～55	AAAAC	56	B

三、判断题

1～5	FFFTF	6～10	TTFTT	11～15	FFTFF	16～20	FFTTT
21～25	FTTFF	26～27	FF				

四、计算题

1.（1）填表情况如答案表 1-1 所示。

答案表 1-1

生产阶段	产品价格	中间产品成本	增值
棉花	100	—	100
棉布	120	100	20
棉衣	150	120	30

（2）150；（3）100＋120＋150＝370；（4）100＋20＋30＝150；（5）100＋120＝220。

2.（1）按收入法计算 GDP：

GDP＝工资＋利息＋租金＋利润＋间接税减津贴

＝100＋10＋30＋20＋10＝170(亿元)

（2）按支出法计算 GDP：

GDP＝消费＋投资＋政府支出＋(出口－进口)

＝90＋60＋30＋(60－70)＝170(亿元)

（3）政府预算赤字＝政府支出－税收

其中,税收＝所得税＋(间接税－津贴)－转移支付

＝30＋10－5＝35(亿元)

所以,政府支出－税收＝30－35＝－5(亿元)

（4）收入＝消费＋储蓄＋税收＝170－90－35＝45(亿元)

（5）进出口盈亏＝出口－进口＝60－70＝－10(亿元)

3.（1）国内生产总值＝消费＋总投资＋政府购买＋净出口＝500＋(125＋50)

＋200＋15＝890(亿元)

（2）国内生产净值＝国内生产总值－资本折旧＝890－50＝840(亿元)

（3）国民收入＝国内生产净值－企业单位税＝840－75＝765(亿元)

（4）个人收入＝国民收入－公司未分配利润－公司所得税－社会保险金

＋政府转移支付

＝765－100－50－130＋120＝605(亿元)

（5）个人可支配收入＝个人收入－个人所得税＝605－80＝525(亿元)

4.（1）国内生产净值＝国内生产总值－资本消耗补偿,而资本消耗补偿即折旧等于总投资减净投资后的余额,即 800－300＝500(亿元),因此国内生产净值＝4 800－500＝

4 300(亿元)。

(2) 从 GDP=$C+I+G$+NX 中可知 NX=GDP$-C-I-G$,

因此,净出口 NX=4 800－3 000－800－960=40(亿元)。

(3) 用 BS 代表政府预算盈余,T 代表净税收即政府税收减去政府转移支付后的收入,则有 BS=$T-G$,从而有 T=BS+G=30+960=990(亿元)。

(4) 个人可支配收入本来是个人收入减去个人所得税后的余额,本题条件中没有说明间接税、公司利润、社会保险税等因素,因此可从国民生产净值中直接得到个人可支配收入,即 PDI=NDP$-T$=4 300－990=3 310(亿元)。

(5) 个人储蓄 S=PDI$-C$=3 310－3 000=310(亿元)。

5.(1) A 的价值增加为 5 000－3 000=2 000(万元)

B 的价值增加为 500－200=300(万元)

C 的价值增加为 6 000－2 000=4 000(万元)

(2) 最终产品价值为 2 800+500+3 000=6 300(万元),式中 2 800、500、3 000 分别为 A、B、C 卖给消费者的最终产品。

(3) 国民收入为 6 300－500=5 800(万元)

6.(1) 项链为最终产品,价值 40 万元。

(2) 开矿阶段生产 10 万元,银器制造阶段生产 30 万元,即 40－10=30(万元),两个阶段共增值 40 万元。

(3) 在生产活动中,所获工资共计 7.5+5=12.5(万元),所获利润共计 10－7.5+(30－5)=27.5(万元),用收入法计得的 GDP 为 12.5+27.5=40(万元)。

(4) 可见,用最终产品法、增值法和收入法计得的 GDP 是相同的。

7.(1) 2003 年名义 GDP=2003 年实际 GDP=1 000×2+500×10=7 000

2004 年名义 GDP=1 100×4+550×8=8 800

(2) 2004 年实际 GPD=1 100×2+550×10=7 700

2004 年的实际 GDP 增长率=(7 700－7 000)/7 000=10%

(3) 2004 年的 GDP 折算指数=8 800/7 700=1.14

8.(1) 2003 年名义 GDP=2003 年实际 GDP=15×1.5+5×40=222.5

2004 年名义 GDP=20×2+6×50=340

2004 年实际 GDP=20×1.5+6×40=270

(2) 2004 年的实际 GDP 增长率=(270－222.5)/222.5=21.3%

(3) 2004 年的 GDP 折算指数=340/270=1.26

五、分析讨论题

1.(1) 政府转移支付不计入 GDP。

(2) 购买一辆用过的卡车不计入 GDP。

(3) 购买普通股票不计入 GDP。

(4) 购买一块地产不计入 GDP。

(5) 购买一块面包计入 GDP。

2. 不一定。我们不能肯定是物价上涨了还是真实产量增加了，因为物价上涨和真实产量增加都可能引起名义 GDP 增加。

3. 国内生产总值是指一个国家(或地区)在一定时期内(通常为一年)所生产的最终产品和劳务价值总和。国内生产总值的主要内容包括以下几个方面。

(1) GDP 是一个市场概念，各种最终产品的价值都是用货币来衡量的。

市场价值=最终产品的单位价格×产量

(2) GDP 是最终产品的价值，不包括中间产品，以免重复计算。

(3) GDP 是指一年内所生产而不是所卖掉的最终产品。GDP 只能计算一次，不能重复计算。

(4) GDP 是计算期内(某一年)生产的最终产品价值，因而是流量而不是存量。

(5) GDP 是指市场价值的总和，只有进入市场流通活动获得市场价格的产品与劳动才能计入国内生产总值。不经过市场销售的最终产品(如家务劳动、自给自足产品、地下黑市交易等非市场经济活动)都无法计入 GDP。

4. 存货对厂商来说，像设备一样，能提供某种服务。例如，当市场发生意料之外的需求增加时，存货可应付这种临时增加的需要，同时，生产过程要顺利地连续不断地维持下去，仓库也必须有足够的原材料储备。至于商店，更需要库存必需的商品，才能满足顾客的需要。可见，存货对厂商的正常经营来说是必不可少的，它构成资本存量的一部分。

GDP 是某经济社会在每一时期所生产的产品价值。如果把存货排除在 GDP 之外，所计得的就只是销售额，而不是生产额。例如，某国某年生产 9 000 亿元产值，但只卖掉 8 500 亿元，还有 500 亿元要作为存货投资计入 GDP，即看作是企业自己购买存货的支出计入 GDP。

5. 因为政府转移支付只是简单地通过税收(包括社会保险税)把收入从一个人或一个组织转移到另一个人或另一个组织手中，并没有相应的货物和劳务的交换发生。例如，政府给残疾人发放救济金，并不是因为残疾人创造了收入；相反，倒是因为他丧失了创造收入的能力从而没有生活来源才给予救济。失业救济金发放则是因为人们没有了工作从而丧失了取得收入的机会才给予救济。政府转移支付和政府购买虽都属政府支出，但前者不计入 GDP 而后者计入 GDP，因为后者发生了实在的交换活动。比方说，政府给公立学校教师发薪水是因为教师提供了教育工作的服务。

6. 国内生产总值等于最终产品的数量乘以各自的价格之和。它分为名义 GDP 和实际 GDP。名义 GDP 是以当年价格计算的。实际 GDP 是以从前某一年作为基期的价格计算出来最终产品的价值。即：实际 GDP=当年最终产品×基期价格。

名义 GDP 和实际 GDP 的比值，称为 GDP 的折算指数，可以反映出物价变动的程度。

如果知道了 GDP 折算指数，可以将名义 GDP 折算为实际 GDP。

7. 经济学上所讲的投资是增加或替换资本资产的支出，即购买新厂房、设备和存货的行为，而人们购买债券和股票只是一种证券交易活动，并不是实际的生产经营活动。人们买了债券或股票，是一种产权转移活动，因而不属于经济学意义的投资活动，也不能计入 GDP。当公司从人们手里取得了出售债券或股票的货币资金再去购买厂房或机器设备时，才是投资活动。

8. 出口是本国生产的一部分，因而也是本国 GDP 的一部分，而从外国进口的货物并不是本国生产的一部分，只是外国生产的一部分，但却被计入本国的消费支出、投资支出和政府购买的一部分。我们计算 GDP 时，必须从出口中扣除进口即仅计算净出口，否则，我们就会犯多计算 GDP 的错误。

9. 政府给公务员发工资要计入 GDP 是因为公务员提供了服务，政府支付的工资就是购买他们的服务，因此属于政府购买，而政府给灾区或困难人群发的救济金不计入 GDP，并不是因为灾区或困难人群提供服务，创造了收入，相反，是因为他们发生了经济困难，丧失了生活来源才给予其救济的，因此这部分救济金属于政府转移支付。政府转移支付只是简单地通过税收（包括社会保险税）把收入从一个人或一个组织手中转移到另一个人或另一个组织手中，并没有相应的货物或劳务的交换发生。所以政府转移支付和政府购买虽都属政府支出，但前者不计入 GDP 而后者计入 GDP。

10. 间接税虽由出售产品的厂商缴纳，但它是加到产品价格上作为产品价格的构成部分由购买者负担的。间接税虽然不形成要素所有者收入，而是政府的收入，但毕竟是购买商品的家庭或厂商的支出，因此，为了使支出法计得的 GDP 和收入法计得的 GDP 相一致，必须把间接税加到收入方面计入 GDP。举例说，某人购买一件上衣支出 100 元，这 100 元以支出形式计入 GDP。实际上，若这件上衣价格中含有 5 元的营业税和 3 元的折旧，则作为要素收入的只有 92 元。因而，从收入法计算 GDP 时，应把这 5 元和 3 元一起加到 92 元中作为收入计入 GDP。

11. 购买公司债券实际上是借钱给公司用，公司将从人们手中借到的钱用作生产经营，比方说购买机器设备，这样这笔钱就提供了生产性服务，可被认为创造了价值，因而公司债券的利息可看作是资本这一要素提供生产性服务的报酬或收入，因此要计入 GDP。可是政府的公债利息被看作转移支付，因为政府借的债不一定用于生产经营，而往往是用于弥补财政赤字。政府公债利息常常被看作是用从纳税人身上取得的收入来加以支付的，因而习惯上被看作转移支付。

12. 最终产品实际上就是一国在一定时期新创造的价值或新增价值，也即企业的投资的产出，如企业生产了一件上衣卖 50 元，就是购买上衣的消费者支出了 50 元，这 50 元就是生产和经营上衣的厂商（棉花生产者、纱厂、织厂、制衣厂及销售商）创造的价值，即产出，也就是企业经营者的收入。从全社会来看，总产出总是等于购买最终产品的总支出，如果社会某年生产了 1 万亿元最终产品，只销售掉 0. 8 万亿元，剩余 0.2 万亿元产品总被看作是企业在存货方面的投资支出，称存货投资，所以上例总支出与总产出和总收入相等，所以可以得到：

最终产品的总收入＝总产出＝总支出

13. 不正确。总投资＝重置投资（补偿消耗掉的固定资本）＋净投资，总投资增加时，净投资不一定增加，而只有净投资增加时，资本存量才能增加，例如某国某年的总投资是 1 000 亿元，重置投资也是 1 000 亿元，则净投资为零，资本存量未增加。

六、论述题

在国民收入核算体系中，存在的储蓄投资恒等式完全是根据储蓄和投资的定义得出的。根据定义，国内生产总值总等于消费加投资，国民总收入则等于消费加储蓄，国内生产总值又总等于国民总收入，这样才有了储蓄恒等于投资的关系。这种恒等关系就是两部门经济的总供给($C+S$)和总需求($C+I$)的恒等关系。只要遵循储蓄和投资的这些定义，储蓄和投资一定相等，而不管经济是否充分就业或通货膨胀，即是否均衡。但这一恒等式并不意味着人们意愿的或者说事前计划的储蓄总会等于企业想要有的投资。在实际经济生活中，储蓄和投资的主体及动机都不一样，这就会引起计划投资和计划储蓄的不一致，形成总需求和总供给不平衡，引起经济扩张和收缩。分析宏观经济均衡时所讲的投资要等于储蓄，是指只有计划投资等于计划储蓄时，才能形成经济的均衡状态。这和国民收入核算中的实际发生的投资总等于实际发生的储蓄这种恒等关系并不是一回事。

七、综合分析题

1.(1) 国内消费者购买一台二手的海信电视机不计入我国的GDP。理由如下：GDP是计算期内生产的最终产品价值。消费者购买的这台二手电视机在生产时已计入当年GDP，不能再计入当期GDP。

(2) 国内投资者购买2 000股海信电器股票不能计入我国的GDP。理由如下：购买股票只是一种证券交易活动，是一种产权转移活动，并不是实际的生产经营活动。购买股票对个人而言是一种投资，但不是经济学意义上的投资活动，因为经济学意义上的投资是增加或减少资本资产的支出，即购买厂房、设备和存货的行为。

(3) 海信电器库存电视机增加1万台需要计入我国的GDP，属于投资的增加。理由如下：GDP是一定时期内(往往是1年)所生产而不是所售卖掉的最终产品市场价值总和。库存的电视机可看作是海信公司自己买下来的存货投资，应计入GDP。

(4) 俄罗斯政府购买1 000台新的海信电视机需要计入我国的GDP，是GDP中净出口的一部分。理由如下：净出口是指进出口的差额，其中出口应加入本国总购买量之中，因为出口表示收入从外国流入，是用于购买本国产品的支出。

(5) 政府向海信公司的下岗工人提供失业救济金属于政府转移支付，不能计入我国的GDP。理由如下：政府转移支付只是简单地把收入从一些人或一些组织转移到另一些人或另一些组织，并没有相应的物品或劳务的交换发生，因此不计入GDP。

2.(1) 不准确。

(2) 家庭生产之类的非市场活动，如种花、清扫、做衣服、照顾孩子等。

(3) 欠发达国家生产的大部分产出是非市场产出，即它不出售，也不作为市场交易被记录。

(4) 不对。这仅仅意味着发展水平差别相当大的国家之间的GDP比较是极为困难的，也往往是不准确的。

3.(1) C (2) B (3) B (4) B (5) D (6) A

4.(1) A (2) E (3) C (4) E (5) B (6) E (7) B (8) D

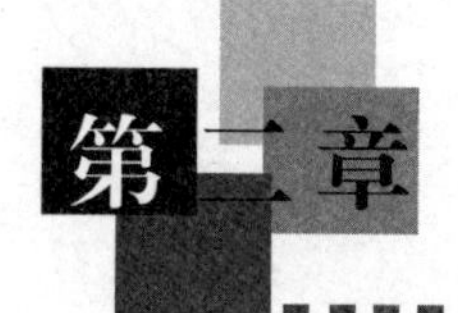

简单国民收入决定理论的参考答案

一、名词解释

1. 均衡产出：指和总需求相一致的产出，也就是经济社会的收入正好等于全体居民和企业想要有的支出。

2. 边际消费倾向：指增加的一单位收入中用于增加消费部分的比率，即 $MPC=\Delta C/\Delta Y$。

3. 平均消费倾向：指任一单位收入水平上消费支出在收入中的比率。

4. 边际储蓄倾向：指增加的一单位收入中用于增加储蓄部分的比率，即 $MPS=\Delta S/\Delta Y$。

5. 平均储蓄倾向：指任一单位收入水平上储蓄支出在收入中的比率。

6. 投资乘数：指国民收入的变动量与引起这种变动的投资变动量之比。

7. 税收乘数：指收入变动对税收变动的比率。

8. 平衡预算乘数：指政府收入和支出同时以相等数量增加或减少时国民收入变动与政府收支变动的比率。

9. 政府购买支出乘数：指收入变动与引起这种变动的政府购买支出变动的比率。

10. 政府转移支出乘数：指收入变动与引起这种变动的政府转移支付变动的比率。

二、单项选择题

1～5	CDCDB	6～10	CCACD	11～15	ABBCA	16～20	CDBDB
21～25	AADAB	26～30	CCADB	31～35	AAACC	36～40	ABCDA
41～45	AABAC	46～50	ACADA	51～55	AACAA		

三、判断题

1～5	FFFFT	6～10	TFTFT	11～15	TTTFT	16～20	TTTFT

四、计算题

1. (1) 把 $C=1\,120$ 代入已知消费函数，得

$$1\,120=120+0.75Y$$

$$Y=1\ 250$$

(2) MPC(边际消费倾向)为：$b=0.8$

MPS(边际储蓄倾向)为：$1-b=0.2$

(3) 把 $Y=3\ 000$ 代入已知消费函数，得

$$C=120+0.8Y=120+0.8\times 3\ 000=2\ 520$$

2. 依题意可知 $\Delta Y=2\ 000-1\ 500=500$，$\Delta S=800-500=300$

因为 $\Delta Y=\Delta C+\Delta S$，$\Delta C=\Delta Y-\Delta S=500-300=200$

所以 $\text{MPC}=200/500=0.4$；

$\text{MPS}=1-0.4=0.6$；

$K=1/0.6=1.67$。

3. (1) 由 $Y=C+I$ 得到 $Y=800$ 亿元。

从而有 $C=50+0.75\times 800=650$(亿元)，$S=Y-C=800-650=150$(亿元)，$I=150$ 亿元。

(2) 因为 $\Delta I=25$ 亿元，$K=1/0.25=4$

所以 $\Delta Y=K\times\Delta I=4\times 25=100$(亿元)。

于是，在新的均衡下，收入 $Y=800+100=900$(亿元)。

相应地，$C=50+0.75\times 900=725$(亿元)，$S=Y-C=175$(亿元)。

(3) 因为乘数 $K=1/(1-b)$，所以若消费函数斜率增大，即 MPC 增大，则乘数也增大。反之，若消费函数斜率减小，乘数也减小。

4. (1) 依题意可知 $K=1/0.2=5$，$\Delta Y=6\ 000-5\ 000=1\ 000$(亿美元)，$\Delta Y=1\ 000=K\times\Delta I=5\times\Delta I$，得到 $\Delta I=200$ 亿美元。

(2) 依题意 $K_{\text{TR}}=b/(1-b)=4$，$\Delta Y=1\ 000=K_{\text{TR}}\times\Delta\text{TR}=4\times\Delta\text{TR}$，得到 $\Delta\text{TR}=250$(亿美元)。

(3) 依题意 $K_{\text{T}}=-b/(1-b)=-4$，$\Delta Y=1\ 000=K_{\text{T}}\times\Delta T=(-4)\times\Delta T$，得到 $\Delta T=-250$ 亿美元。

5. (1) $Y=(a+I)/(1-b)=750$(亿元)

$C=100+0.8\times 750=700$(亿元)

$S=Y-C=750-700=50$(亿元)

(2) 企业非意愿存货积累 $=800-750=50$(亿元)

(3) 若投资增至 100，则均衡收入变为 $Y=1\ 000$ 亿元，比原来的收入 750 亿元增加了 250 亿元。

(4) $Y=1\ 500$ 亿元，$S=50$ 亿元。

若投资增至 100 亿元，则收入增加值 $\Delta Y=500$ 亿元。

(5) 消费函数从 $C=100+0.8Y$ 变为 $C=100+0.9Y$ 以后，边际消费倾向变大，乘数变大，从 5 变为 10。

6. (1) 可支配收入 $Y_{\text{d}}=Y-T+\text{TR}=187.5$

由收入恒等式 $Y=C+I+G=100+0.8(Y-187.5)+50+200$ 解得 $Y=1\ 000$

(2) 根据消费函数可知，边际消费倾向 $b=0.8$，则

投资乘数 $=1/(1-b)=5$

政府购买乘数 $=5$

税收乘数 $=-4$

转移支付乘数 $=4$

平衡预算乘数 $=1$

7.(1) 可支配收入 $Y_{\mathrm{d}}=Y-0.25Y+62.5=0.75Y+62.5$

由 $Y=C+I+G=100+0.8(0.75Y+62.5)+50+200$ 解得 $Y=1\ 000$

(2) 根据消费函数可知边际消费倾向 $b=0.8$,$t=0.25$,则有

投资乘数 $=1/[1-b(1-t)]=2.5$

政府购买乘数 $=2.5$

税收乘数 $=-2$

转移支付乘数 $=2$

平衡预算乘数 $=2.5-2=0.5$

(3) 本题中的各种乘数与上题中的各种乘数不同的原因是税收从定量税变成了比例税,分母变大了,因而各种乘数变小了。

(4) 若达到充分就业所需要的国民收入为 1 200,则可知 GDP 缺口为

$$\Delta Y=1\ 200-1\ 000=200$$,为实现充分就业

① 若用增加政府购买来实现,则需要增加支出: $\Delta G=200/2.5=80$

② 若用减少税收来实现,则需减少税收: $\Delta T=200/(-2)=-100$

③ 若用增加政府购买和税收同一数额来实现,则此数额为: $200/0.5=400$

8.(1) 由于国民收入紧缩缺口为 400 亿元

这样实际国民收入均衡水平 $Y=2\ 000-400=1\ 600$

(2) 政府减税 40 亿元,可以使国民收入增加

$$\Delta Y=K_{\mathrm{T}}\times\Delta T=120$$

此时与充分就业的国民收入水平还有 280 亿元(即 400−120)的差距,政府支出还需增加 ΔG,实现充分就业的国民收入

$$280=4\times\Delta G$$

所以 $\Delta G=70$。

9.(1) $Y=C+I+G=100+0.9\times(Y-0.2Y)+300+160$,得 $Y=2\ 000$

(2) $K_{\mathrm{g}}=1/[1-0.9\times(1-0.2)]=1/0.28=3.57$

(3) $Y'=C+I+G'=100+0.9\times(Y-0.2Y)+300+300$,得 $Y'=2500$

10.(1) $Y=C+I+G=100+0.6Y+80+60$

$Y=600\quad C=460$

(2) $K=1/(1-0.6)=2.5$

(3) $\mathrm{APC}=590/700=0.84$

11.(1) $Y=(100+50)/(1-0.8)=750$

$C=100+0.8\times750=700$

$S=Y-C=750-700=50$

(2) 非意愿存货积累为 $750-700=50$

(3) $Y^{*}=(100+100)/(1-0.8)=1\ 000$

$Y^{*}-Y=1\ 000-750=250$

12. (1) $Y=C+I+G=250+0.75Y+500+500$

$Y=5\ 000$

$C=250+0.75\times 5\ 000=4\ 000$

$S=Y-C=5\ 000-4\ 000-0=1\ 000$

$K_{i}=1/(1-0.75)=4$

(2) 当 $Y=6\ 000$ 时,$S=-250+(1-0.75)\times 6\ 000=1250$

$I+G=1000<S=1250$,国民收入将下降。

13. $Y=80+0.75Y_{d}+165+200$

$=80+0.75\times(Y+20-0.2Y)+165+200=0.6Y+460$

$Y=460/(1-0.6)=1150$ $C=80\times 0.75\times(1\ 150-210)=785$

$S=1\ 150-785=365$ $T=-20+0.2\times 115=210$

$K_{I}=1/[1-0.75\times(1-0.2)]=2.5$

14. (1) $Y=(100+0.8\times 62.5+50+200)/[1-0.8\times(1-0.25)]=1\ 000$

(2) 政府预算盈余为:$1\ 000\times 0.25-(200+62.5)=-12.5$

(3) $K_{I}=K_{G}=1/[1-0.8\times(1-0.25)]=2.5$

$K_{T}=-0.8\times(1-0.25)/[1-0.8\times(1-0.25)]=-1.5$

$K_{TR}=0.8\times(1-0.25)/[1-0.8\times(1-0.25)]=1.5$

$K_{B}=1$

15. (1) $C_{2}=200+0.9\times 6\ 000=5\ 600$

(2) $Yp_{3}=0.7\times 7\ 000+0.3\times 6\ 000=6\ 700$

$C_{3}=200+0.9\times 6\ 700=6\ 230$

$Yp_{4}=0.7\times 7\ 000+0.3\times 7\ 000=7\ 000$

$C_{4}=200+0.9\times 7\ 000=6\ 500$

五、分析讨论题

1. (1) 总需求与总供给相等时的国民收入是均衡的国民收入。当不考虑总供给这一因素时,均衡的国民收入水平就是由总需求决定的。

(2) 均衡的国民收入水平是由总需求决定的,因此,总需求的变动必然引起均衡的国民收入水平的变动。总需求水平的高低,决定了均衡的国民收入的大小。所以,总需求的变动会引起均衡的国民收入同方向变动,即总需求增加,均衡的国民收入增加,总需求减少,均衡的国民收入减少。

2. 所谓凯恩斯定律,是指不论需求量为多少,经济制度都能以不变的价格提供相应的供给量,就是说社会总需求变动时,只会引起产量和收入的变动,直到供求相等,而不会引起价格变动。

这条定律提出的背景是 1929—1933 年西方世界的经济大萧条,工人大批失业,资源大量闲置。在这种情况下，社会总需求增加时，只会使闲置的资源得到利用从而使生产增加，而不会使资源价格上涨，从而使产品成本和价格大体上能保持不变。这条定律被认为适用于短期分析。

3. 在以横轴表示国民收入，纵轴表示总支出的坐标系里，45°线上各点都表示总支出等于国民收入。在均衡国民收入分析中，它与总支出曲线结合发挥了总供给曲线的作用。当总支出曲线与45°线相交时，AE＝Y，决定了均衡的国民收入水平。

4. 假定消费函数为 $C=a+bY_d(a>0, 0<b<1)$

则 $MPC=dC/dY_d=b, APC=C/Y_d=a/Y_d+b$

从这个公式可以看到，如果边际消费倾向 b 递减，则 APC 一定递减。但是不能反过来说 APC 递减，MPC 也一定递减，因为即使 MPC(即 b)不变，APC 也会随收入 Y_d 的增大而变小。

5. 没有同样大的影响。由自发投资导致国民收入增加以后引起的消费称引致消费，这样的消费对国民收入的影响小于自发投资对国民收入的影响。只有消费不是收入变化带来的，而是其他因素引起的时候，才会和自发投资一样对国民收入发生影响。

6. 凯恩斯的短期消费函数是消费支出与可支配收入之间的函数关系，它在图像上表现为一条向右上方倾斜的曲线。在某一个均衡的可支配收入水平上，平均消费倾向(APC)等于1；低于该可支配收入水平时，平均消费倾向大于1；高于该可支配收入水平时，平均消费倾向小于1。在可支配收入增加的过程中，边际消费倾向(MPC)大于零小于1。

7. 在两部门经济里，根据收入－支出法得到的国民收入均衡条件是 $AE=Y$，根据储蓄－投资法得到的国民收入均衡条件是 $S=I$。由于 $AE=C+I, Y=C+S$，当 $AE=Y$ 时，就有 $C+I=C+S$，化简后得，$I=S$，这样使用两种方法得到的均衡的国民收入是相同的。

8. 两种说法都对。假定有消费函数 $C=a+bY_d$，在此，自发消费增加会引起消费 C 增加，从而使总需求(总支出)增加，进而会引起收入增加，而收入增加又会进而引起消费增加，即式中 bY_d 增加，这就是引致消费。引致消费增加反过来又使收入进一步增加，因此，这两种说法都正确，说明消费支出和收入是相互影响，相互促进的。

9. 任何一种对自发支出的刺激都会直接引起国内生产总值的增加。乘数的基本含义是，这种国内生产总值的最初增加会引起消费支出的增加(即引致消费的增加)，从而进一步引起国内生产总值的增加。在乘数过程中的每一轮支出增加，使国内生产总值再增加，其增加量由边际消费倾向，即增加的国内生产总值中用于消费的比例所决定。在每一轮中，边际支出倾向越高，国内生产总值的增加量也就越大，从而国内生产总值的总增加量也就越大。所以，边际消费倾向越大，乘数就越大。

10. 国民收入变化的分析是以存在闲置的社会资源为前提。正因为存在着闲置的社会资源，当投资支出增加时，会使这部分社会资源得到利用，从而导致国民收入一轮又一轮增加。但是，如果某个国家已实现了充分就业，投资支出的增加则难以导致国民收入的增加，此时乘数效应不再存在。

11. 在凯恩斯的收入决定论中，收入水平是由需求决定的，当不考虑政府部门和对外部门时，需求由投资需求和消费需求组成，由于投资需求被假定为是外生决定的，因此，利息率的变动对投资需求没有影响；而消费需求与利息率也无关，因而利息率的变动对国民收入没有影响。

12. 紧缩性缺口和膨胀性缺口就是充分就业实现时，计划的总支出与实际总支出之间的关系。紧缩性缺口是指实际总支出小于充分就业时计划的总支出，而膨胀性缺口是指实际总支出大于充分就业时计划的总支出。前者引起总需求不足，从而产生周期失业；后者引起需求过度，从而产生需求拉动型的通货膨胀。

13. 节俭意味着减少消费支出(C)和增加储蓄(S)，即会导致总需求的减少，这将在短期导致均衡国民收入的减少。因此，在经济萧条的情况下节俭对社会是有害的，在通货膨胀的情况下节俭对社会是有利的。

14. 他们的理由是，富者的消费倾向较低，储蓄倾向较高，而贫者的消费倾向较高(因为贫者收入低，为维持基本生活水平，他们的消费支出在收入中的比重必然大于富者)，因而将一部分国民收入从富者转给贫者，可提高整个社会的消费倾向，从而提高整个社会的总消费支出水平，于是总收入水平就会随之提高。

15. 充分就业赤字是政府预算在充分就业的收入水平上出现的赤字。在经济繁荣时，实际赤字和充分就业赤字大致相等，经济衰退或萧条时，实际赤字大于充分就业赤字，因为经济不景气时，所得税会减少，但失业救济金等转移支付会增加，从而实际赤字上升，超过充分就业赤字。

16. 显然，后一个老太太聪明些。根据持久收入假说和生命周期假说，单个消费者并不是简单地根据当前的绝对收入来做消费决策，而是根据终身的或持久的收入来做决策。也就是说，消费者不只单单考虑本年度可支配收入，还把他们在将来可能获得的可支配收入考虑进去，当他们购买住宅或汽车之类需要大量资金，而他们目前的收入和已积累起来的货币又不足以支付如此巨大的金额时，就可以凭借信用的手段用贷款来完成购买行为，用以后逐年逐月获得的收入来归还贷款，这样消费者就可以提前获得消费品的享受。所以，我们说后一位老太更聪明些。

六、论述题

1. 凯恩斯关于消费函数的第一个猜测，也是最重要的猜测就是边际消费倾向介于0和1之间。边际消费倾向就是每增加的单位收入中用于消费的支出部分。边际消费倾向介于0和1之间就意味着人们不会把所有的收入进行消费，而是拿出收入中的一部分进行消费，而将另一部分储蓄。

凯恩斯关于消费函数的第二个猜测是平均消费倾向随收入的增加而下降。平均消费倾向等于消费与收入之比。凯恩斯认为，储蓄是奢侈品，因此他认为富人中用于储蓄的比例要高于穷人。

凯恩斯关于消费函数的第三个猜测是收入是消费的主要决定因素，而利率对储蓄并没有重要作用，这种猜想和他之前的古典经济学的信念正好相反。

根据这三个猜想，凯恩斯主义的消费函数通常可以写成如下形式：$C=\alpha+\beta Y$，其中，自主消费$\alpha>0$，β为边际消费倾向，$0<\beta<1$。

2. 总支出由消费支出、投资支出、政府购买支出和净出口四部分组成。

税收并不直接影响总支出，它是通过改变人们的可支配收入，从而影响消费支出，再影响总支出。税收的变化与总支出的变化是反方向的。当税收增加时，导致人们可支配收入减少，从而消费减少，总支出也减少。总支出的减少量数倍于税收增加量，反之亦然。

政府购买支出直接影响总支出，两者的变化是同方向的。总支出的变化量也数倍于政府购买变化量，这个倍数就是政府购买乘数。

政府转移支付对总支出的影响方式类似于税收，是间接影响总支出，也是通过改变人们的可支配收入，从而影响消费支出及总支出。但与税收不同的是，政府转移支付的变化是与总支出同方向变化的，这两个变量之间有一定的倍数关系，但倍数小于政府购买乘数。

上述三个变量都是政府可以控制的变量，控制这些变量的政策称为财政政策。政府可以通过财政政策来调控经济运行。

例如，增加 1 元的政府支出，一开始就使总需求增加 1 元，因为政府购买直接就是对最终产品的需求。可是增加 1 元的转移支付和减少 1 元的税收时，只是使人们可支配收入增加 1 元，若边际消费倾向是 0.8，则消费支出只增加 0.8 元，这 0.8 元才是增加 1 元转移支付和减税 1 元对最终产品需求的第一轮增加，这一区别使政府转移支付乘数、税收乘数大小相等，方向相反，同时使政府购买乘数的绝对值大于政府转移支付乘数和税收乘数。

七、综合分析题

1.（1）宏观消费和储蓄理论主要有绝对收入理论和永久收入理论等，用这两种理论可以解释我国现阶段消费不足和储蓄过度的原因。

（2）根据凯恩斯的绝对收入理论，一国国民的消费是和当期收入呈正相关关系的，而且随着人们收入的提高人们的边际消费倾向是递减的。我国现阶段消费不足和储蓄过度有一个主要原因就是人们的收入水平还普遍不同，人们收入中用于消费的部分当然也就不高。另外，根据凯恩斯的绝对收入理论，个人的消费和储蓄虽然都会随着收入的增加而增加，但消费随收入增加而增加的比例是递减的，而储蓄随收入增加而增加的比例是递增的。由此可见，富有者边际消费倾向较低，而边际储蓄倾向较高；而贫穷者边际消费倾向较高，边际储蓄倾向较低。而当较少数的富有者占有大量的国民财富时，就会造成消费不足和储蓄过度。所以我国现阶段消费不足和储蓄过度的另外一个原因就是国民收入分配不均等，收入差距过大。

（3）根据永久收入理论，消费者的消费支出主要不是由他的现期收入决定，而是由他的预期永久收入决定的。因此如果一个国家的国民预期将来收入稳定增长并且生活有保障的话，那么这个国家的国民消费欲望就很强烈。我们国家的各类社会保障制度（包括医疗保险制度、失业保险制度、养老保障制度等）还不完善，人们对未来的收入预期普遍不很乐观，这就在很大程度上限制了人们的消费愿望，所以我国现阶段消费不足和储蓄过度。

（4）根据以上分析不难提出以下建议：①大力发展生产力，提高劳动者收入水平。②调整税收制度，扩大中等收入者比重，加大对高收入者的税收调节力度，因为贫穷者的边际消费倾向较高，所以，调整收入分配格局，提高收入者的收入对增加内需最为有效。

③建立、健全各类社会保障制度。

2. 凯恩斯的国民收入理论是短期分析，它认为在其他条件不变的前提下，特别是在投资不变的前提下，储蓄的增加将导致国民收入水平的下降。显然，如果在短期里储蓄没有转化为投资，或在萧条的情况下储蓄不能转化为投资，这种影响是存在的。而较高的储蓄率可以导致较高的增长率，是就长期和正常情况而言的。在储蓄可以转化为投资的情况下，较多的储蓄意味着有较多的资本积累，这对促进经济增长是有利的。

增加储蓄会导致均衡收入下降，这是凯恩斯主义的观点。增加消费或减少储蓄会通过增加总需求而引起国民收入增加，实现经济繁荣；反之，减少消费或增加储蓄会通过减少总需求而引起国民收入减少，出现经济萧条。由此得出一个看来是自相矛盾的推论：节制消费增加储蓄会增加个人财富，对个人是件好事，但由于会减少国民收入引起萧条，对整个经济来说却是坏事；增加消费减少储蓄会减少个人财富，对个人是件坏事，但由于会增加国民收入使经济繁荣，对整个经济来说却是好事。这就是所谓的“节俭的悖论”。

凯恩斯的简单国民收入决定模型的前提假设是：经济中资源没有得到充分利用，从而限制国民收入增加的就不是总供给，而是总需求。凯恩斯的这一理论主要是针对20世纪30年代大危机的情况提出的，当时工人大量失业、设备闲置。在这种情况下，增加总需求，当然可以增加国民收入，使经济走出低谷。

我们不能把凯恩斯的这种理论普遍化。这是因为：①凯恩斯所用的是一种短期分析，即假设生产能力、技术条件等都是不变的。资源未得到充分利用也是短期现象。在长期分析中，经济的发展，国民收入的增加仍然要依靠生产能力的提高、资本的增加、技术的进步。这样，在长期中经济增长就取决于储蓄率的提高，而不是消费的增加。②各国情况不同，因而不能将其到处照搬。对于总供给不足的国家，这种理论就完全不适用。

第三章

产品市场与货币市场的一般均衡的参考答案

一、名词解释

1. 资本边际效率(MEC)：一种贴现率,该贴现率恰好使一项资本品在使用期内各预期收益现值之和等于这项资本品的供给价格或重置成本。

2. 投资的边际效率曲线：表示投资与利率之间关系的曲线。

3. 凯恩斯的货币理论：主要是货币需求理论。凯恩斯认为,人们需要货币是由于货币在所有的资产形式中具有最高的流动性,具体表现为三种动机：交易动机、预防性动机和投机动机。

4. 产品市场的均衡：产品市场上总供给与总需求相等。

5. IS 曲线：满足产品市场均衡即投资 I 恰好等于储蓄 S 时,国民收入和利率的各种组合的点连接起来而形成的曲线。IS 曲线一般是一条向右下方倾斜的曲线。

6. 流动性偏好：由于货币具有使用上的灵活性,人们宁愿牺牲利息收入而储存不生息的货币来保持财富的心理倾向。

7. 交易动机：个人和企业为了应付日常交易活动而持有一部分货币的动机,出于交易动机的货币需求量主要取决于收入,收入越高,交易数量就越大,为应付日常开支所需的货币量也就越大。

8. 谨慎(预防)动机：人们为预防意外风险支出而持有一部分货币的动机,如个人或企业为应对突发事故、失业、疾病等意外事件而需要事先持有一定数量货币。这一货币需求量大体上也和收入成正比。

9. 投机动机：人们为了抓住有利的购买有价证券的机会而持有一部分货币的动机,对货币的投机性需求与利率变动有负向关系。

10. 货币的交易需求：由货币的交易动机和预防性动机所产生的货币需求量,它是收入的增函数。

11. LM 曲线：当 m 给定时,$m=kY-hr$ 的公式可表示为满足货币市场均衡条件下的收入 y 与利率的关系,这一关系的图形就被称为 LM 曲线,此线上任何一点都代表一定利率和收入的组合,在这样的组合下,货币需求与供给都是相等的,亦即货币市场是均衡的。

12. IS-LM 模型：说明产品市场和货币市场同时均衡的利率和收入的一般均衡模型。其数学方程为：$I(r)=S(Y)$ 与 $M=L_1(Y)+L_2(r)$。

13. 货币供给：狭义的货币供给是指流通中的硬币、纸币和银行活期存款的总和(M_1)，在狭义的货币供给上加上定期存款，便是广义的货币供给(M_2)。再加上个人和企业所持有的政府债券等流动资产或“货币近似物”，便是意义更广泛的货币供给(M_3)。

二、单项选择题

1～5	ABAAB	6～10	ADAAC	11～15	BABCB	16～20	ACACA
21～25	CABCB	26～30	ACBDB	31～35	BCDCA	36～40	CDAAD
41～45	CAADD	46～50	DCCCA	51～53	BAA		

三、判断题

1～5	FTFFF	6～10	FFTTF	11～15	FTFFF	16～20	TTTFF
21～25	TTFTT	26～30	FTTTT				

四、计算题

1. (1) IS 曲线：$Y=100+0.8Y+150-6r$，$Y=1\ 250-30r$

LM 曲线：$0.2Y+100-4r=250$，$Y=750+20r$

(2) $Y=950$，$r=10$

2. (1) $Y=200+0.6Y+700-50r+800=4250-125r$

(2) $0.25Y+200-62.5r=700$，$Y=2\ 000+250r$

(3) $r=6$，$Y=3\ 500$

3. (1) $L=0.2Y+2\ 000-500r$

(2) $L=0.2\times10\ 000+2\ 000-500\times6=1\ 000$

(3) $2\ 500=0.2\times6\ 000+L_2$，$L_2=1\ 300$

(4) $2\ 500=0.2\times10\ 000+2\ 000-500r$，$r=3$

4. (1) IS 曲线：$300-100r=-200+0.2Y$

LM 曲线：$0.4Y-50r=250$

(2) 求解：$300-100r=-200+0.2Y$　$0.4Y-50r=250$

得到：$Y=1\ 000$　$r=3$

(3) $C=100$，则 IS-LM 方程为

$$100+300-100r=-200+0.2Y$$

$$0.4Y-50r=250$$

解得：$Y=1\ 100$，因此，国民收入增加 100。

5. (1) $Y=C+I+G$，$C=300+0.8Y_d$，$Y_d=Y-T=0.8Y$，整理得 $0.36Y=G+500$，当 $Y=2\ 000$ 时，解得 $G=220$，$T=0.2Y=400$，$T-G=180$，故政府购买 220 亿元；政府预算盈余为 180 亿元。

(2) $G=220, Y=C+I+G, C=300+0.8Y_d, Y_d=Y-0.25Y=0.75Y$，解得 $Y=1\ 800$，当 $Y=1\ 800$ 时，$T=0.25Y=450, T-G=230>180$，故均衡收入为 1 800 亿元；这时预算盈余增加。

6. (1) IS 曲线：$Y=C+I+G, C=90+0.8Y_d, Y_d=Y-50$，整理得 $0.2Y=240-5r$，LM 曲线：$L=0.2Y=200$，解得均衡收入 $Y=1\ 000$，均衡利率 $r=8, I=140-5\times8=100$，故投资 $I=100$。

(2) 当 $G=70$ 时，IS 曲线为 $Y=1\ 300-25r$，LM 曲线为 $0.2Y=200$，解得均衡收入 $Y=1\ 000$，均衡利率 $r=12, I=140-5\times12=80$，故投资 $I=80$。

(3) 增加政府购买，但出现 Y 不变，r 增加的现象，故存在完全挤出效应：$\Delta G=-\Delta I$。

7. $K_g=\dfrac{\Delta Y}{\Delta G}=\dfrac{b}{1-b+tb}$，当 $\Delta G=-200$ 时，$\dfrac{\Delta Y}{-200}=2.5$，解得 $\Delta Y=-500, \Delta T=0.25\Delta Y=-125, \Delta T-\Delta G=-125-(-200)=75$，当政府减少支出 200 亿元时，政府预算将增加 75 亿元，正好与当前的预算赤字相抵消，因此，这种支出的变化可以最终消灭赤字。

8. 当 $G=7\ 500$ 时，$0.37Y=15\ 800-20\ 000r, 0.162\ 5Y-10\ 000r=6\ 000$，联立解得 $Y=40\ 000, r=0.05$，故 $I_1=6\ 500$。当 $G=8\ 500$ 时，$0.37Y=16\ 800-20\ 000r, 0.162\ 5Y-10\ 000r=6\ 000$，联立解得 $Y\approx41\ 438.8, r\approx0.07$，故 $I_2=6\ 100, I_1-I_2=400$，政府支出的增加挤出了 400 亿元的私人投资。

9. (1) IS 曲线方程：$Y=2\ 000-5\ 000r$。

(2) LM 曲线方程：$Y=1\ 100+400r$。

(3) 当 IS=LM 时，$r\approx0.17, Y=1\ 150$。

10. (1) 令 $I=s$，即 $2\ 500-2\ 407=-1\ 000+0.5Y$，经整理得 IS 曲线方程：$Y=7\ 000-480r$。

令 $m=L$，即 $3\ 200=0.5Y-260$，经整理得 LM 曲线方程：$Y=6\ 400+520r$。

(2) 求解方程组，得 $Y_0=6\ 712, r_0=0.6$。

(3) 当政府支出增加 100 时，新的 IS 曲线方程为 $Y=7\ 200-480r$。

当货币供给增加 300 时，新的 LM 曲线方程为 $Y=7\ 000+520r$。

联立并求解，得 $r=0.2, Y=7\ 104$。

(4) 增加政府购买和增加货币供给量都属于旨在刺激需求的扩张性政策。从(2)和(3)的计算结果看，政策效果是使利率下降，收入增加。增加政府购买和货币供给使经济的总需求增加，从而导致经济的总收入增加。

11. (1) $r=10, I=250-50=200$

$r=8, I=250-40=210$

$r=6, I=250-30=220$

(2) $r=10, I=250-100=150$

$r=8, I=250-80=170$

$r=6, I=250-60=190$

(3) 自主投资 e 的增加会使投资需求曲线向右上方平移。

(4) 若投资函数变为 $I=200-5r$，则投资需求曲线向左下方平移。

12. (1) 由 $y=c+i$ 得

$$y=100+0.6y+520-2r$$

解得 IS 曲线方程为 $y=1\ 550-5r$。

(2) 令 $m=L$，即 $120=0.2y-4r$，解得 LM 曲线方程为 $y=600+20r$。

(3) 将方程联立后可得 $r=38$，$y=1\ 360$。

13. (1) 在价格水平不变即 $P=1$ 时，若已知货币需求函数为 $L=0.2Y-5r$ 和名义货币供给量为 150，则 LM 曲线为 $0.2Y-5r=150$，即 $r=-30+0.04Y$。

(2) 若名义货币供给量为 200，同样根据(1)中所用的方法可得货币需求与货币供给均衡时的 LM 曲线为 $0.2Y-5r=200$，即 $r=-40+0.04Y$。

(3) (2)中的 LM 曲线位于(1)中的 LM 曲线的右下方，且两者平行，这说明货币供给增加会引致 LM 曲线向右下方平行移动。

当 $r=10$，$Y=1\ 100$ 时，货币需求量为 $L=0.2\times1\ 100-5\times10=170$，对于(2)中的 LM 曲线来讲，货币供给为 200，此时货币需求小于货币供给，处于非均衡状态，存在利率下降的压力。

五、分析讨论题

1. 人们需要货币是出于以下三类的动机。

(1) 交易动机，指个人和企业为了进行正常的交易活动而需要货币的动机。

(2) 预防动机，指为预防意外支出而需要持有一部分货币的动机。

(3) 投机动机，指人们为了抓住有利的购买有价证券的机会而需要持有一部分货币的动机。

交易动机和预防动机的货币需求与收入同方向变动，而投机动机的货币需求与利率反方向变动。

总的货币需求是交易性货币需求和投机性货币需求之和，即

$$L=L_1+L_2=L_1(Y)+L_2(r)$$

2. (1) 当利息率降到极低时，人们会认为这时利息率不太可能再下降或者说有价证券市场价格不可能再上升，而只会下降。因此，将所持有的有价证券全部换成货币，而不愿再去购买有价证券，以免证券价格下跌时遭受损失。

(2) 人们不管有多少货币都愿意持在手中，这种情况称为“流动性偏好陷阱”或“凯恩斯陷阱”。

3. 税率增加会使 IS 曲线向左移动，会使均衡收入减少，利率下降。

税率增加将使个人可支配收入减少，进而减少个人消费和储蓄；在既定的利率水平上，投资已定，因此这时将出现总支出下降，从而导致总收入减少的情况，这意味着 IS 曲线的左移。

收入下降意味着货币需求减少，由于货币供给不变，所以将出现货币需求小于货币供给的情况，人们手中持有过多的货币，超出了人们的意愿，人们将多余的货币转换成有价

证券，于是有价证券价格上升，相应地利率下降。

利率下降将导致投资有所增加，通过乘数效应又可以增加一部分收入，所以最终收入下降将小于IS曲线向左移动的距离。

4. LM曲线上斜率的3个区域分别指.LM曲线从左到右所经历的水平线、向右上方的倾斜线和右方的垂直线3个阶段。LM曲线这3个区域被分别称为凯恩斯区域、中间区域、古典区域。其经济含义指，在水平线阶段LM曲线上，货币的需求曲线已处于水平状态，对货币的投机需求已达到“流动性陷阱”的阶段，货币需求对利率敏感性极大。凯恩斯认为，当利率很低，即债券价格很高，人们觉得用货币购买债券的风险极大，债券只会跌，不会涨，因此买债券很可能亏损，人们愿意长期持有货币，不肯去买债券，这时，货币投机需求成为无限大，从而使LM曲线呈水平状态，由于这种分析是凯恩斯提出的，所以水平的LM区域称为凯恩斯区域。在垂直阶段，LM曲线斜率为无穷大，或货币的投机需求对利率已毫无敏感性，从而货币需求曲线的斜率趋向于无穷大，呈垂直状态，表示不论利率怎样地变动，货币的投机需求均为零，从而LM曲线也是垂直状态。由于“古典学派”认为只有货币需求而无投机需求，因此垂直的LM区域称古典区域，介于垂直线与水平线之间的区域则称为“中间区域”。

5. 当r下降时，I将上升，导致AE上升，为达到商品市场均衡，Y也上升，因此在IS曲线上，r和Y成反向变化。

6. 在凯恩斯流动陷阱区，LM曲线呈水平状态。其经济含义是：在货币供给不变的情况下，国民收入增加，几乎不会引起利息的提高。至于为什么会出现这种反常的现象，必须考虑凯恩斯陷阱区货币需求的特性。一般来说，在货币供给不变的情况下，国民收入的增加总会引起利息率的提高，但在凯恩斯陷阱区，出现了货币需求的利息率弹性无限大的特殊情况。因此，在国民收入增加时，利息率稍有提高，投机货币需求立即大量减少，交易货币需求大量增加。所以，在这种特殊情况下，国民收入增加而利息率几乎不提高。

7. 美国经济学家詹姆斯·托宾提出了股票价格会影响企业投资的理论。企业的市场价值与重置成本之比，可以作为衡量要不要进行新投资的标准，托宾称此比率为“q”，其中市场价值就是这个企业的股票的市价总额，它等于每股价格乘以总股数。重置成本是指建造这个企业所需成本。$q<1$时，说明买旧的企业比新建设企业便宜，于是就不会有投资。相反，$q>1$时，说明新建设企业比较便宜，因此会有新投资，这是区别于凯恩斯理论的一种投资需求理论。

8. 凯恩斯陷阱是指当利率水平极低时，人们对货币的需求趋于无限大，货币当局即使增加货币供给，也不能降低利率，从而不能增加投资引诱的一种经济状态。原因是当利率极低时，有价证券的价格会达到很高，人们为了避免因有价证券价格跌落而遭受损失，几乎每个人都宁愿持有现金而不愿持有有价证券，这意味着货币需求会变得完全有弹性，人们对货币的需求量趋于无限大，表现为流动偏好曲线或货币需求曲线的右端会变成水平线，在此情况下，货币供给的增加不会使利率下降，从而也就不会增加投资引诱和有效需求，当经济出现上述状态时，就称为流动性陷阱，但实际上，以经验为根据的论据从未证实过流动性陷阱的存在，而且流动性陷阱也未能被精确地说明是如何形成的，此时宏观经济调控的货币政策无效，财政政策有效。

六、论述题

1. 凯恩斯理论的核心是有效需求原理,认为国民收入决定于有效需求,而有效需求原理的支柱又是边际消费倾向递减、资本边际效率递减以及心理上的流动性偏好这三个心理规律的作用。这三个心理规律涉及四个变量:边际消费倾向、资本边际效率、货币需求和货币供给。这里,凯恩斯通过利率把货币经济和实物经济联系了起来,打破了新古典学派把实物经济和货币经济分开的两分法,认为货币不是中性的,货币市场上的均衡利率要影响投资和收入,而产品市场上的均衡收入又会影响货币需求和利率,这就是产品市场和货币市场的相互联系和作用。但是凯恩斯本身没有把上述四个变量联系在一起。汉森、希克斯这两位经济学家则用 IS-LM 模型把这四个变量放在一起,构成一个产品市场和货币市场之间相互作用共同决定国民收入与利率的理论框架,从而使凯恩斯的有效需求理论得到较为完整的表述。不仅如此,凯恩斯主义的经济政策和货币政策的分析,也是围绕 IS-LM 模型而展开的,因此可以说,IS-LM 模型是凯恩斯主义宏观经济学的核心。

2. 平衡预算的财政思想指财政收入与支出相平衡,财政预算盈余等于零的财政思想。平衡预算思想按其历史发展阶段有三种含义。一是年度平衡预算,这是一种量入为出的每年预算均需平衡的思想。二是周期平衡预算,指政府财政在一个经济周期中保持平衡,在经济繁荣时期采用财政盈余措施,在萧条时期采取预算赤字政策,以前者的盈余弥补后者的赤字,以求整个经济周期盈亏相抵,预算盈余为零的平衡预算。三是充分就业平衡预算,这种思想认为,政府应当使支出保持在充分就业条件下所能达到的净税收水平。这三种平衡预算思想的发展表明,平衡预算已由以往的每年度收支相抵的思想逐步发展至以一定的经济目标为前提的平衡预算思想,在一定周期内,或某年度可有一定的财政盈余或赤字,但是这类平衡预算思想的本质仍旧是机械地追求收支平衡,是一种消极的财政预算思想。功能财政政策是一种积极的权衡性财政政策或补偿性财政政策。这种政策思想强调,财政预算的功能是为了实现经济稳定发展,预算既可以盈余,也可以赤字,因而称为功能性财政。平衡预算财政与功能财政的思想共同点是两者目的均是设法使经济保持稳定,两者的区别在于前者强调财政收支平衡,甚至以此作为预算目标,而后者则不强调这点,强调财政预算的平衡、盈余或赤字都只是手段,目的是追求无通货膨胀的充分就业以及经济的稳定增长。

第四章

总需求—总供给模型的参考答案

一、名词解释

1. 总需求：整个经济社会在每一总价格水平上对产品和劳务的需求总量，总需求由消费需求、投资需求、政府需求和国外需求构成。

2. 总需求函数：以产量(国民收入)所表示的需求总量和价格水平之间的关系。在价格水平为纵坐标、总需求量为横坐标的坐标系中，总需求函数的几何表示被称为总需求曲线。

3. 财富效应：当价格水平下降时，提高了经济中货币的真实价值，并使消费者感到更富有，这会鼓励人们支出更多，支出的增加意味着对产品和劳务的需求量增加。相反，价格水平上升，降低了货币的真实价格，并使消费者感觉变穷，减少消费者支出以及对产品和劳务的需求量，上述价格水平影响消费者以货币表示的财富的实际购买力，进而对消费产生影响的现象被称为财富效应，又被称为实际余额效应。

4. 利率效应：价格总水平下降，人们交易中所需货币量减少，在货币供给不变的情况下，将导致利率下降，进而导致投资增多。反之，价格总水平上升，人们交易中所需货币量增多，在货币供给不变的情况下，将导致利率上升，进而导致投资减少。这种价格水平变动通过影响利率进而影响企业投资的现象被称为利率效应。

5. 潜在产量：充分就业时的产量，也指资源达到充分利用时所能实现的最大产量。

6. 总供给：经济社会投入的基本资源所生产的总产量。

7. 总供给函数：以产量(国民收入)所表示的供给总量和价格水平之间的关系。在价格水平为纵坐标、总供给量为横坐标的坐标系中，总供给函数的几何表示被称为总供给曲线。

8. 总量生产函数：整个国民经济的生产函数，它表示总投入和总产出之间的关系。

9. 古典总供给曲线：一条位于经济的潜在产量或者充分就业产量水平上的垂直线，它是一种长期总供给曲线。

10. 凯恩斯主义的总供给曲线：在经济小于充分就业均衡时，供给曲线是平行于总产量轴的一条水平线。

11. AD-AS 模型：一个由向右下方倾斜的总需求曲线和一条由水平段、向右上方倾斜和垂直段构成的总供给曲线所构成的模型。

12. 工资刚性：由于种种原因，货币工资不会轻易变动，特别是不会下降的现象。

13. 滞胀：又称为萧条膨胀或膨胀衰退，指经济生活中出现了生产停滞、失业增加和物价水平居高不下同时存在的现象。

二、单项选择题

1～5	BBDDA	6～10	BBCAA	11～15	DDBAD	16～20	ACDAA
21～25	CABBD	26～30	CDBCC	31～35	DBACA	36～40	CBCAC

三、判断题

1～5	TFFTT	6～10	FTTTF	11～15	TTFFF	16～20	FTFFT
21～25	TFTTF	26～30	FFTFF				

四、计算题

1.(1) 根据产品市场均衡条件 $Y=C+I$，可得 IS 曲线为 $r=60-Y/8$，根据货币市场均衡条件 $M/P=L$，可得出 LM 曲线为 $r=-100/P+0.4Y$，当产品市场和货币市场同时均衡时的总需求函数为 $Y=190/P+114$。

(2) 当 $P=10$ 时，总需求 $Y=113$；当 $P=5$ 时，总需求 $Y=152$。

(3) 当 M 增加 10 时，LM 曲线为 $r=4Y/10-120/P$，当产品市场和货币市场同时均衡时的总需求函数为 $Y=4800/(21P)+2400/21$。

2.(1) $500=600-50P$，$P=2$。

(2) $Y_d=(600-50P)\times(1+10\%)=660-55P$，则 $Y=500$，$P=2.9$。

3.(1) IS：$150-6r=-100+0.2Y$

LM：$150/P=0.2Y-4r$

得 $Y=500+450/P$

(2) $P=1$ 时，$Y=950$，$r=10$

(3) $800+150P=500+450/P$

得 $P=1$，$Y=950$

4.(1) 由题意可知：$Y_s=500P$，$Y_d=600-50P$，联立并求解得 $P=12/11$，$Y=545$。

(2) 总需求上升 10%以后，新的总需求曲线为 $Y_d=660-55P$。与原来的 Y_s 方程联立求解得 $P=1.19$，$Y=595$。

(3) 总供给上升 10%以后，新的总供给曲线为 $Y_s=550P$，与原来的 Y_d 方程联立求解得 $P=1$，$Y=550$。

5.(1) 在完全竞争市场上，企业在边际产值等于边际成本(即雇佣单位劳动的名义工资)处决定劳动力的需要量。在此，边际产值为 $P\times(14-0.08N)$，名义工资为 W，当 $P\times(14-0.08N)=W$ 时，就决定了价格水平 P 下对应于每个名义工资水平的劳动需要量。因此，当 $P=1$ 时，4 美元的工资水平下就业量为 125 单位，3 美元的工资水平下就业量为 137.5 单位，2 美元的工资水平下就业量为 150 单位，1 美元的工资水平下就业量为

162.5 单位。

(2) 根据 $P\times(14-0.08N)=W$,得到劳动力需求函数为 $N=175-12.5W/P$。

(3) 根据(1)题中同样的公式,可以得到,当 $P=2$ 时,4 美元的工资水平下就业量为 150 单位,3 美元的工资水平下就业量为 156.25 单位,2 美元的工资水平下就业量为 162.5 单位,1 美元的工资水平下就业量为 168.75 单位。

(4) 略。

6. (1) IS 方程: $Y=C+I+G=120+0.75(Y-80)+140-10r+100$,整理得 $Y=1\ 200-40r$。

LM 方程: $0.25Y-8r=150/1.25$,整理得 $Y=480+32r$。

(2) 联立,消除 r 后得总需求曲线为 $Y=1\ 600/3+1\ 000/(3P)$。

7. (1) 当价格上升时:

劳动需求 $N_d=175-12.5W/1.1$,劳动供给 $N_s=70+5W$

解得,劳动市场实现均衡时: $W\approx6.42$, $N\approx102.08$。

这就是说,随着政府支出的增加,就业量从 100 增加到 102 单位,名义工资从 6 元上升到 6.42 元;实际工资从 6 元下降到 $6.42/1.1\approx5.84$(元)。

(2) 当工人要求增加 10%的名义工资时:

劳动需求 $N_d=175-12.5W/1.15$,劳动供给 $N_s=70+5W/1.1$

解得,劳动市场实现均衡时: $W\approx6.81$, $N\approx101$。

这样均衡就业量从 102 单位下降到 101 单位;名义工资从 6.42 美元上升到 6.81 美元,实际工资从 5.84 美元上升到 $6.81/1.15\approx5.92$(美元)。

(3) 在充分就业的产出水平上,总产出为 1 000 美元,实际工资为 6 美元,均衡就业为 100 单位。如果现期劳动市场上的实际工资水平低于 6 美元,实际就业需求超过 100 单位,工人都会要求更高的名义工资。最终,在长期,实际产出会回到 1 000 美元,就业量和实际工资也会分别恢复到 100 单位和 6 美元的水平。

(4) 只要工人没有预期原来的价格水平会有所提高,那么价格水平的上升就不会立即反映到名义工资的上升中,工人实际工资水平的下降就会促使工人多就业,使实际产出超过充分就业水平。

五、分析讨论题

1. 总需求函数表示产品市场和货币市场同时达到均衡时的价格水平与国民收入之间的数量关系。描述这一函数关系的曲线称为总需求曲线。它是一条向右下方倾斜的曲线,表明当其他条件不变时,若价格水平提高,则国民收入水平下降;若价格水平下降,则国民收入水平上升。这种关系的内在机制是:当价格水平上升时,将会同时打破产品市场和货币市场的均衡。在货币市场上,价格水平上升导致实际货币供给下降,从而使 LM 曲线向左移动,均衡利率水平上升,国民收入水平下降。在产品市场上,一方面,由于利息率水平上升造成投资需求下降,总需求随之下降;另一方面,价格水平的上升还导致人们的财富和实际收入水平下降以及本国出口产品相对价格的提高，从而使人们的消费需求和国外需求减少，由乘数原理最终引起国民收入下降。可以从产品市场和货币市场的同时均衡，即IS-LM模型中推导出总需求函数。总需求曲线是向右下方倾斜的。

2. 不矛盾。原因在于两个模型所依据的假设不同。在简单的凯恩斯模型中，假设价格水平不变，则总需求曲线向上倾斜。如果自发性支出增加，则总需求曲线向上移动。在AS-AD模型中，假设自发性支出不变，则总需求随着价格水平的下降而增加，所以总需求曲线向右下方倾斜。如果自发性支出增加，总需求曲线向右移动。

3. 总供给曲线移动有两个重要的原因。

(1) 名义工资提高使总供给曲线向左上方移动。它表明在劳动生产率不变的情况下，名义工资提高造成利润下降，迫使企业降低产量。

(2) 技术进步使总供给曲线向右下方移动。它表明技术进步降低了企业的成本，企业愿意增加产量。

4. 在其他条件不变的情况下，消费者的需求增加、储蓄减少、政府税收减少、投资增加、货币供给量增加、政府购买增加，每一价格总水平对应的总支出增加，从而总需求曲线向右上方移动；反之消费者需求减少、储蓄增加、政府税收增加、投资减少、货币供给减少以及政府购买减少，则总需求曲线向左下方移动。

5. 按照古典理论，货币工资和物价具有完全的灵活性。或者说，当价格水平变动时，实际工资会作出相应的调整。因此，劳动力市场的均衡供求量会始终保持着充分就业水平不变，国民收入不会随着价格水平的上升而提高。这表明，在长期时，实际产出水平主要由潜在产出水平决定，总供给曲线表现为一条位于充分就业产出水平的垂直线。这条垂直线被称为古典总供给曲线或长期总供给曲线。

6. (1) 总需求是指总支出，单个商品的需求是指不同价格水平下对商品的需求数量。

(2) 总需求受价格总水平的影响，单个商品的需求受相对价格的影响。

(3) 两者虽然都受价格的影响，但对前者的解释是从利息率分析入手，对后者的解释则是从替代效应和收入效应分析入手。

7. (1) 工资刚性是在供给方面对失业的一个基本解释。当价格水平较低时，实际工资较高，这样会形成劳动供给大于劳动需求。由于工资不具有灵活性，失业不可避免，这就是产生失业的原因。

(2) 在名义工资不降的情况下，价格提高可以使实际工资下降，刺激企业增加劳动需求。由于工人存在“货币工资幻觉”，实际工资下降可以被工人接受。因此，政府应该采取提高价格的政策，解决失业问题。

六、论述题

1. 国民收入决定的三个模型分别是：简单凯恩斯模型、IS-LM模型、总供求模型。

(1) 简单凯恩斯模型是建立在价格水平不变、利率不变的前提下的，用乘数理论来解释财政政策的效应。该模型对总产出决定和政策效应的分析实际上是总需求分析。

(2) IS-LM 模型保持了价格不变的假设，在此基础上，引入货币因素从而分析利息率变动对宏观经济的影响。该模型在利息率可变情况下，分析总产出决定，并分析了利息率决定。对财政政策效应的分析既保留了乘数效应，又引入了挤出效应，还分析了货币政策效应。但是，该模型仍然是总需求分析。

(3) 总供求模型引入劳动市场从而总供给对宏观经济的影响，放弃了价格不变的假设。该模型在价格可变的情况下，分析了总产出的决定并分析了价格水平决定。不仅分析了需求管理政策的产出效应，而且分析了它的价格效应。不仅进行了总需求分析，而且进行了总供给分析。

2. (1) 在古典的总需求—总供给模型中，总供给曲线是一条位于充分就业产出水平的垂直线。因此，当总需求曲线移动时，只能导致价格水平的变动，而对就业量和国民收入不发生影响。

(2) 在凯恩斯主义的总需求—总供给模型中，总供给曲线由于名义工资具有刚性而向右上方倾斜，这说明就业量和国民收入的变化主要取决于总需求水平。当总需求扩大时，实际工资的下降会增加就业量，从而扩大产出水平。

3. 总需求—总供给模型是把总需求曲线与总供给曲线结合在一起，以此来说明均衡国民收入和价格水平的决定。总需求曲线上的点表示产品市场和货币市场同时达到均衡时，国民收入与价格水平的各种不同组合。总供给曲线上的点则表示当劳动力市场达到均衡时，国民收入(总产出量)与价格水平的关系。因此，当总需求等于总供给，即总需求曲线与总供给曲线相交时，交点所对应的国民收入水平和价格水平就是使产品市场、货币市场、劳动力市场同时达到均衡时的国民收入水平和价格水平。三个市场同时处于均衡也意味着，此时由产品市场和货币市场均衡决定的总需求，恰好使劳动力市场均衡决定的就业量所生产出来的总产品完全实现转化。总需求—总供给模型不仅说明了在同时考虑三个市场均衡时国民收入的决定，而且说明了模型所无法说明的价格水平的决定。

4. 解析乘数理论，认为自发性支出增加时，均衡产出按一定倍数增加。例如，简单投资乘数为 1/(1－MPC)。根据总供给理论，乘数理论可以这样修正：自发性支出增加时，总需求(有效需求)按一定倍数增加。只要将均衡产出改成总需求就可以了(当然应当保证利率不变，否则将有挤出效应)。至于均衡产出增加多少，则要区别不同的情况：若价格不变，则均衡产出增加符合乘数理论；若价格提高，则要小于乘数理论；若充分就业，则产量根本不变。

七、综合分析题

(1) 总需求—总供给模型是要说明均衡的国内生产总值与物价水平的决定的。总需求曲线与短期总供给曲线相交时就决定了均衡的国内生产总值和均衡的物价水平。这时总需求与总供给相等，实现了宏观经济的均衡。

(2) 石油产量减少，价格上升，从而生产其他相关产品的成本增加，这会影响短期总供给。

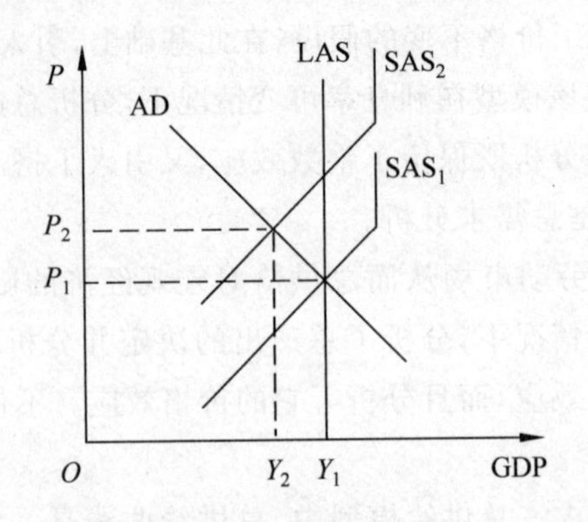

(3) 短期总供给曲线从 SAS_1 向上移动至 SAS_2。

(4) 当 AD 和 LAS 不变时，SAS 的向上移动引起 GDP 减少(从 Y_1 减少到 Y_2)，物价水平上升(从 P_1 上升到 P_2)。

第五章

失业与通货膨胀理论的参考答案

一、名词解释

1. 自愿失业：工人不愿意接受现行工资水平而形成的失业。

2. 非自愿失业：愿意接受现行工资但仍找不到工作的失业。

3. 摩擦性失业：在生产过程中由于难以避免的转业等原因而造成的短期、局部性失业。

4. 结构性失业：劳动力的供给和需求不匹配所造成的失业，其特点是既有失业又有职位空缺，失业者或者没有合适的技能，或者居住地点不当，因此无法填补现有的职位。

5. 周期性失业：经济周期中的衰退或萧条时，因需求下降而造成的失业，这种失业是由整个经济的支出和产出下降造成的。

6. 自然失业率：经济社会在正常情况下的失业率，它是劳动市场处于供求稳定状态时的失业率，这里的稳定状态被认为是既不会造成通货膨胀也不会导致通货紧缩。

7. 通货膨胀：一般物价水平普遍而持续地上升。当一个经济中的大多数商品和劳务的价格连续在一段时间内普遍上涨时，宏观经济学就称这个经济经历着通货膨胀。

8. 通货膨胀率：从一个时期到另一个时期价格水平变动的百分比。

9. 通货膨胀税：在经济出现通货膨胀时，受通货膨胀的影响，家庭和企业的交易额和名义货币收入增加，导致纳税人缴纳更多的比例税，或者应纳税所得自动地划入较高的所得级别，形成档次爬升，从而按较高的适用税率纳税。这种由通货膨胀引起的隐蔽性的增税，称为通货膨胀税。

10. 奥肯定律：失业率每高于自然失业率 1 个百分点，实际 GDP 将低于潜在 GDP 2 个百分点，反映经济增长与失业率呈反方向变动的关系。

11. 温和的通货膨胀：每年物价水平上升的比例在 10%以内。

12. 奔腾的通货膨胀：年通货膨胀率为 10%～100%。

13. 超级通货膨胀：年通货膨胀率在 100%以上。

14. 平衡的通货膨胀：每种商品的价格都按相同比例上升。

15. 非平衡的通货膨胀：各种商品价格上升的比例并不完全相同。

16. 未预期到的通货膨胀：价格上升的速度超出人们的预料，或者人们根本没有想到价格会上涨。

17. 预期到的通货膨胀：物价有规律的变动，又称为惯性的通货膨胀。

18. 需求拉动的通货膨胀：总需求超过总供给所引起的一般价格水平的持续显著的上涨。

19. 成本推动的通货膨胀：是指在没有超额需求的情况下由于供给方面成本的提高而引起的一般价格水平持续和显著的上涨。

20. 结构性通货膨胀：是指在没有需求拉动和成本推动的情况下，只是由于经济结构因素的变动，也会出现一般价格水平的持续上涨，这种价格水平的上涨称为结构性通货膨胀。

21. 菲利普斯曲线：表示失业率和通货膨胀率之间反向交替关系的曲线。

22. 长期菲利普斯曲线：理性预期学派认为，在长期中，经济社会的失业率将处在自然失业率水平，失业率与通货膨胀率之间不存在替换关系。长期菲利普斯曲线是一条处于自然失业率水平的垂直。

23. 失业率：是指劳动力中没有工作而又在寻找工作的人的所占比例，即失业者占劳动力的百分比，失业率的波动反映就业的波动情况。

24. 消费价格指数：是指通过计算城市居民日常消费的生活用品和劳务的价格水平变动而得到的指数。

25. 生产者价格指数：是指通过计算生产者在生产过程中所有阶段上所获得的产品的价格水平变动而得到的指数。

二、单项选择题

1～5	BCBBD	6～10	ADBCD	11～15	DCCDC	16～20	DDCCC
21～25	CCDCD	26～30	DCCAC	31～35	CBBCB	36～40	CBCCD
41～45	DBBBC	46～50	BAABB				

三、判断题

1～5	FFFFF	6～10	TTFFT	11～15	FTFFT	16～20	TFFTT
21～25	FFTTF	26	F				

四、计算题

1. (1) 劳动力人数＝就业人数＋失业人数＝1.35＋0.08＝1.43(亿人)。

(2) 劳动力参与率＝劳动力人数/总人口＝劳动力人数/(劳动力人数＋非劳动力人数)＝1.43/(1.43＋0.7)＝0.67。

(3) 失业率＝失业人数/劳动力人数＝0.08/1.43＝0.06

2. CPI＝(1×1＋4×1＋4×3)/(1×1＋3×1＋2×3)×100＝170，通货膨胀率＝(170－100)/100×100％＝70％。

3. 20世纪60年代的通货膨胀率＝(105－100)/100×100％＝5％。

20世纪70年代的通货膨胀率＝(110－105)/105×100％＝4.8％。

20世纪80年代的通货膨胀率＝(120－110)/110×100％＝9.1％。

20 世纪 90 年代的通货膨胀率=(150−120)/120×100%=25%。

4. 通过求出 GDP 之差的和,除以通货膨胀率下降的值,便可以求出逆转通货膨胀每个百分点的代价,则逆转通货膨胀的代价=8 500 亿元/5 个百分点=1 700 亿元/每个百分点。

5. (1) 产品市场和货币市场同时均衡的国民收入 $Y=850-25r=500+10r$,得 $r=10$,$Y=600$。由于 $Y=600<650$,不存在通货膨胀的压力。

(2) $650=-500+5M_s+10\times8$,$M_s=214$,即实际货币需求。实际货币供给=200/1=200,$200/P=214$,则 $P=0.93$。

(3) $M_s=214$,即名义货币供给量应增加 14 单位。

6. 当 $M=4\,000$ 万元时,$P=MV/Y=4\,000\times5/1\,000=20$

当 $M=3\,000$ 万元时,$P=3\,000\times5/1\,000=15$

因此价格的变化为(15−20)/20×100%=−25%,即价格水平下降 25%。

五、分析讨论题

1. 在统计失业人口时,必须是针对那些面对劳动力市场的失业,这些人具有劳动能力且在寻找工作,但在劳动力市场上却找不到工作。所有不是通过劳动力市场的调节而引起的失业,都不能计入失业范围。例如,退休人员、在校学习的学生、家庭主妇、病残者等这些人并不寻找工作,不算失业,只能称他们为不在工作。就业是指在一定时间内在企业中工作的人。由于疾病、休假、劳资纠纷或天气恶劣而暂时脱离工作的人不能当作失业人口,也不能计入不在工作的人中。

2. 不是。造成两种失业的原因不同。自愿性失业是指劳动者不愿意接受现行劳动力市场的工资条件而自愿选择失业。当工资条件发生变化时,这些人再决定是否就业。摩擦性失业并不具有自愿性。它是因劳动力市场运行机制不完善或因经济变动过程中工作转换而产生的失业。它被看作是一种求职性失业,即一方面存在职位空缺;另一方面存在着与此数量对应的寻找工作的失业者。这是因为劳动力市场的信息具有不完备性。厂商找到所需要的雇员和失业者找到合适的工作都需要花一定的时间。产业结构的调整也会相应引起劳动力在各行业间的调整,通常由于流动成本、职业技能、个人特长或居住地区等原因的存在,会造成劳动力暂时的失业,摩擦性失业任何时期都存在,并随着经济结构变化的加快而逐渐增大。

3. 不可。工资推动型通货膨胀属成本推进型通货膨胀,因为工资是产品成本的主要构成部分。工资上涨虽然会使消费增加,并引起总需求增加,但总需求增加并不会在任何情况下都会引起通货膨胀。按需求拉动型通货膨胀定义,需求拉动型通货膨胀是由于需求增长过度,超过了产量增长速度而引起的通货膨胀。在工资上升从而消费需求上升并进而推动总需求水平上升时,如果经济中有大量过剩生产能力存在,并不一定引起通货膨胀而可能主要是刺激生产,增加就业。

4. (1) 扩张性财政政策只有获得货币支持才能导致总需求扩张。能否获得货币支持取决于:利率提高导致投机货币减少,交易货币得以增加;货币流通速度提高。

(2) 扩张性财政政策导致总需求扩张而产出已达到充分就业,这时将产生通货膨胀。

(3) 由于上述两个条件未必总能满足，扩张性财政政策和通货膨胀只有较弱的联系。

5. (1) 高能货币增加克服了货币供给的内生性，导致货币供给增加。

(2) 货币供给增加导致利率下降。

(3) 利率下降导致总需求增加。

(4) 总需求增加而产出不变(充分就业)导致通货膨胀。

6. 财政赤字的弥补有两种方式，与通货膨胀有不同的关系。

(1) 向公众举债。由于高能货币不变，总需求没有扩张不会产生通货膨胀。

(2) 向中央银行举债。这样导致高能货币增加、总需求增加。在充分就业时将产生通货膨胀。

7. 向公众举债弥补财政赤字将导致利率提高(或债券价格下降)。中央银行为了钉住利率，将投放货币、收购债券。这样导致货币供给量增加，总需求增加，有可能导致通货膨胀。

8. (1) 货币数量是影响宏观经济最重要的变量。

(2) 货币供给增加可能使产量增加，也可能使价格提高。

(3) 货币供给增加如果多于经济增长所要求的货币要求则会引起通货膨胀。

(4) 单一货币规则：按照某一确定的比率增发货币，可以保证经济稳定增长。

9. 短期菲利普斯曲线是一条向右下方倾斜的曲线。表明在失业率与通货膨胀率之间存在着"替代关系"。

政策含义：政府可以用较高的通货膨胀率为代价，来降低失业率以实现充分就业；而要降低通货膨胀率，就要以较高的失业率为代价。

长期菲利普斯曲线为一条垂线，表明通货膨胀率与失业率之间不存在交替关系。

政策含义：从长期来看，政府运用扩张性政策不仅不能降低失业率，还会使通货膨胀率不断提高。

10. 一般来说，坐公交车比较费时，坐出租车比较省时，超级通货膨胀发生时，价格水平每分每秒都在上升，货币流通速度极大地加快人们手中的货币像烫手的山芋，必须越快越好地把它使用出去，否则会很快地贬值，人们坐公共汽车所节省的钱，也许比坐公共汽车所耗费的时间里发生的货币贬值造成的损失要少得多，而坐出租车虽多费钱，但可以抵消货币贬值带来的损失。这样从机会成本角度考虑，人们就宁愿坐出租车而不愿坐费时的公交车。

六、论述题

1. 通货膨胀的经济效应主要包括再分配效应和产出效应。

(1) 通货膨胀的再分配效应表现为：

① 通货膨胀不利于靠固定的货币收入维持生活的人。对于固定收入阶层来说，其收入是固定的货币数额，落后于上升的物价水平。其实际收入因通货膨胀而减少，他们持有的每单位收入的购买力将随价格水平的上升而下降。相反，那些靠变动收入维持生活的人则会从通货膨胀中得益。例如，那些从利润中得到收入的企业主也能从通货膨胀中获利，如果其产品价格比资源价格上升得快，则企业的收入将比它的产品的成本增加得快。

② 通货膨胀可以在债务人和债权人之间发生收入再分配的作用。一般来说,通货膨胀靠牺牲债权人的利益而使债务人获利。

③ 通货膨胀对储蓄者不利。同样,像保险金、养老金以及其他固定价值的证券财产等它们本来是作为未雨绸缪和蓄资防老,在通货膨胀中,其实际价值也会下降。

④ 由于居民往往同时是收入获得者、金融证券的持有者和实际财产(不动产)的所有者,因而通货膨胀对他们的影响可以相互抵消。另外通货膨胀的再分配效应是自发的,它本身并未存心从税收中拿点收入给其他人。

(2) 通货膨胀对产出的影响主要包括两种情况。

① 随着通货膨胀的出现,产出增加。即温和的或爬行的需求拉动通货膨胀对产出和就业将有扩大的效应。假设总需求增加,经济复苏,造成一定程度的需求拉动的通货膨胀。在这种条件下,产品的价格会跑到工资和其他资源的前面,由此而扩大了企业的利润。利润的增加就会刺激企业扩大生产,从而减少失业,增加国民产出的效果。这种情况意味着通货膨胀的再分配后果会被更多的就业、增加产出所获得的收益所抵消。例如,对于一个失业工人来说,如果他唯有在通货膨胀条件之下才能得到就业机会,显然,他就受益于通货膨胀。

② 成本推动通货膨胀引致失业,这里讲的是通货膨胀引起的产出和就业的下降。假定在原总需求水平下,经济实现了充分就业和物价稳定。如果发生成本推动通货膨胀,则原来总需求所能购买的实际产品的数量将会减少。也就是说,当成本推动的压力抬高物价水平时,既定的总需求只能在市场上支持一个较少的实际产出。所以,实际产出会下降,失业会上升。

2. (1) 摩擦性失业是指在生产过程中由于难以避免的摩擦而造成的短期、局部性失业。这种失业在性质上是过渡的或短期性的,它通常起源于劳动力的供给方。摩擦性失业在任何市场经济社会中的任何时候都是存在的,即充分就业时也存在失业。

(2) 因为摩擦性失业产生的主要原因是劳动力市场的不断变化(如工作岗位、工作单位、家庭地址等的不断变化)、信息的不完备性(如劳动就业市场提供信息的不完全和不对称)和劳动力区域流动不能瞬间完成。这些因素是无法避免的,所以摩擦性失业也是不可避免的。

(3) 政府可以通过一些行政措施打破劳动力在行业及地区间流动的壁垒,鼓励劳动力流动;建立、健全劳动力市场信息体系和服务体系,推动劳动供求信息的快速流动;设立优惠政策,鼓励企业建立长效用人机制,减少劳动力调换工作的频率。

七、综合分析题

1. 不能。失业率是失业人数占劳动力的比率。如果劳动力增加(新毕业生、家庭妇女与丈夫进入劳动力队伍),而且劳动力中的新成员很少有人找到工作,那么失业率就上涨,但就业人数仍然不变或者增加。

失业的类型有以下几种。

(1) 摩擦性失业:在生产过程中由于难以避免的摩擦造成的短期、局部性失业,如劳动力流动性不足、工种转换的困难、停工待料等所引致的失业。

(2) 结构性失业：结构性失业是指经济结构变化等原因造成的失业，其特点是既有失业，又有职位空缺。

(3) 周期性失业：经济周期中的衰退或萧条阶段因总需求不足而引起的失业。

失业成本包括：从个人看，失业会给个人带来极大的心理障碍或心理恐慌，并使实际生活水平下降；从社会看，失业会带来社会问题：增加社会福利支出；影响社会稳定和安全；从经济看，失业使实际国民收入减少；奥肯定律说明失业和实际国民收入之间的关系，失业每增加1%，实际国民收入就减少2.5%。

2. (1) 正确，富人拥有的货币也许比穷人多。

(2) 不对，广义地看，穷人把收入中更大的百分比以货币形式持有。实际上，穷人根本没有其他金融资产。

(3) 通货膨胀税加在穷人身上的负担远远大于富人。富人可以以根据通货膨胀调整的有利息的资产形式持有自己的大部分资产。我们在巴西和阿根廷的高通货膨胀时期都观察到了这一事实。

(4) 除了通货膨胀税外，通货膨胀还给经济带来许多其他成本，如菜单成本、税收扭曲和混乱等。

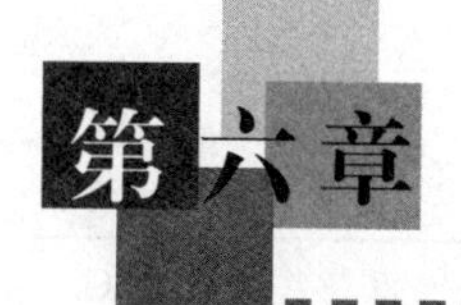

第六章 经济增长与经济周期理论的参考答案

一、名词解释

1. 经济增长：一个国家在一定时期内实际产量的增加，即按不变价格水平所测定的产量的增加。通常以国内生产总值的增速来测度。

2. 经济发展：不仅包括经济增长，而且包括伴随经济增长而出现的国民生活质量、整个社会经济结构和制度结构的总体进步。

3. 新古典增长模型：由美国经济学家索洛提出，其基本公式是 $\Delta k = sy-(n+\delta)k$，经济稳定增长的条件是人均资本增量 $\Delta k=0$。

4. 扩张阶段：经济活动增长的时期。在这个阶段，经济增长迅速，就业机会增加，企业利润增长，消费者信心高涨，财富积累加速。政府财政收入也会随着经济增长而增加，为公共事业提供更多资源。

5. 收缩阶段：一个经济周期中经济从峰顶到谷底的变动过程，这一阶段包括了传统的衰退和萧条两个阶段。

6. 人力资本：体现在个人身上的获取收入的潜在能力的价值，它包括天生的能力和才华以及通过后天教育训练获得的技能。

7. 资本深化：以超过劳动力增长的速度积累资本，是人均资本量的增加。

8. 索洛剩余：又称索洛残差，是指不能为投入要素变化所解释的经济增长率。具体而言，索洛剩余是指在剥离资本和劳动对经济增长贡献后的剩余部分，一般认为剩余部分是技术进步对经济增长的贡献部分。

9. 经济周期：经济活动沿着经济发展的总体趋势所经历的有规律的扩张和收缩的过程。经济周期大体上经历周期性的四个阶段：繁荣、衰退、萧条和复苏。

10. 有保证的增长率：由企业家合意的资本—产出比和合意的储蓄率决定的经济增长率就是有保证的增长率，在此条件下厂商的投资预期等于本期的储蓄总额。

11. 哈罗德—多马模型：英国经济学家哈罗德和美国经济学家多马提出了哈罗德—多马模型。模型基本公式是：$G=s/v$。哈罗德—多马模型给出了长期内经济保持稳定增长的条件：实际增长率=有保证的增长率=自然增长率，而事实上，实际增长率往往不能等于有保证的增长率，这样经济就常常处于波动状态，这就是哈罗德—多马经济增长模型。

12. 乘数—加速数模型：又称汉森—萨缪尔森模型。乘数原理说明投资的变动可以引起国民收入的加倍变动，加速原理表述了国民收入的变动引起投资的加速变动的现象。两者结合起来可以解释在国民收入中，投资、消费和收入是相互影响、相互加速的，这就解释了经济中扩张与收缩的交替并形成经济周期的现象。

二、单项选择题

1～5	CBCBD	6～10	CACCA	11～15	BCBBD	16～20	CAAAC
21～25	DBACA	26～30	DCDBB	31～35	DBDDC	36～40	DDDDD
41～45	CBBDD	46～50	ADDCA	51～55	BCBAC	56～59	CBCA

三、判断题

1～5	TTFTT	6～10	FFTTF	11～15	FTTFT	16～20	FFFTF
21～25	TFTFF	26～27	FT				

四、计算题

1.(1) 由于A国年增长率为1%,B国年增长率为10%,则4年后这两个国家的人均收入分别为

$$Y_A = 10\,000 \times (1 + 1\%)^4 = 10\,406$$

$$Y_B = 5\,000 \times (1 + 10\%)^4 = 7\,320$$

所以,4年后两国实际人均收入差额为

$$Y_A - Y_B = 10\,406 - 7\,320 = 3\,086(\text{元})$$

(2) 如果B国增长率为20%,4年后A、B两国的人均收入分别为

$$Y_A = 10\,406$$

$$Y_B = 5\,000 \times (1 + 20\%)^4 = 10\,368$$

因此,4年后两国人均收入差距为

$$Y_A - Y_B = 10\,406 - 10\,368 = 38(\text{元})$$

第五年两国人均收入分别为

$$Y_A = 10\,000 \times (1 + 1\%)^5 = 10\,510$$

$$Y_B = 5\,000 \times (1 + 20\%)^5 = 12\,442 > Y_A$$

由此可知,第5年B国的人均收入就会超过A国。

2. 由题意,资本占国民收入的份额为$\alpha = 0.25$,则劳动的国民收入份额$\beta = 1 - \alpha = 0.75$。

根据经济增长理论,资本和劳动这两种要素供给的增加对经济增长的贡献,即综合增长率为$\alpha \times g_k + \beta \times g_t = 0.25 \times 2\% + 0.75 \times 0.8\% = 1.1\%$。而实际的产出增长率为$g_y = 3.1\%$。

所以技术进步对经济增长的贡献为$3.1\% - 1.1\% = 2\%$。

3. 由增长率的公式可知:

$$G_w = s/v = 0.18/3 = 0.06 = 6\%$$

即有保证的经济增长率为6%。

4. 由增长率的公式可知：

$$G_w = s/v = 0.12/3 = 0.04 = 4\%$$

即有保证的经济增长率为4%。

5. 由于$Y=1\ 000$，$C=800$，所以，$S=Y-C=1\ 000-800=200$(亿元)，$s=S/Y=200/1\ 000=0.2$。

由增长率的公式可知：

$$G_w = s/v = 0.2/4 = 0.05 = 5\%$$

如果第二年的增长率为5%，则$Y_2=1\ 000\times(1+5\%)=1\ 050$(亿元)

$$\Delta Y = Y_2 - Y_1 = 1\ 050 - 1\ 000 = 50(\text{亿元})$$

由于资本—产出比为4，因此投资$I=\Delta Y\times v=50\times 4=200$(亿元)，即该年200亿元的储蓄正好在第二年全部转化为投资，经济实现均衡增长。

6.（1）当经济均衡增长时，

$$sy = nk$$

将$s=0.3$，$n=3\%$，代入上式得

$$0.3\times(2k-0.5k^2)=0.03k$$

所以

$$20k-5k^2=k$$

$$k=3.8$$

（2）根据黄金分割律的要求，若使人均消费达到最大，人均资本量的选择应使资本的边际产品等于劳动的增长率。用方程来表示，就是

$$y'=n$$

于是有

$$2-k=0.03$$

$$k=1.97$$

7.（1）当经济达到稳态时，

$$sy=(n+\delta)k$$

将$s=0.1$，$n=0.05$，$\delta=0.05$代入上式得

$$0.1\times(2k-0.5k^2)=(0.05+0.05)k$$

所以

$$k=2$$

代入生产函数$y=2k-0.5k^2$，得人均产量$y=2$。

（2）相应地，

人均储蓄$sy=0.1\times 2=0.2$

人均消费$c=(1-s)y=(1-0.1)\times 2=1.8$

五、分析讨论题

1. 经济增长是指一个国家或地区生产能力的增长，或者实际产量的增加，该产量既可以表示为经济的总产量，也可以表示为人均产量。通常它以实际国内生产总值的增加

值来衡量，最直接的指标应当是人均国内生产总值的年增长率。

发达国家经济增长的主要特征有以下几点：第一，人均产量的高增长率，人口及资本形成的高增长率。第二，生产率增长的速度快。生产率提高是技术进步的标志。第三，经济结构的快速变革。第四，社会结构和意识形态的迅速改变。第五，经济增长具有向世界各地伸展的趋势。第六，世界各国经济增长不平衡。

2. 通常认为，技术进步是弥补资本边际收益递减的重要因素。新的投资同时也引起新的生产技术，这是资本劳动比率大幅上升后资本产量比较稳定的重要原因。

3. 在一定的假设前提下，哈罗德—多马模型提出三个增长率的概念：第一个增长率是实际增长率，即实际发生的增长率；第二个增长率是有保证的增长率即均衡增长率，它等于储蓄率与资本—产量比的倒数的乘积（$G_w = s/v$）；第三个增长率是自然增长率，即充分就业的增长率。当实际增长率等于有保证的增长率时，经济实现均衡增长；如果实际增长率不等于有保证的增长率，经济将发生波动；当实际增长率不但等于有保证的增长率，而且等于自然增长率时，经济就在充分就业的状态下实现均衡增长。

4. 当储蓄大于投资或投资超过储蓄时，政府可通过相应的财政政策，如税收、国家投资、收入再分配等措施直接或间接地消除由此而产生的经济不稳定。

5. 哈罗德—多马模型对经济增长的意义表现在以下几个方面。

（1）它将凯恩斯的理论动态化、长期化，并重点阐明了投资的双重作用，从而发展了凯恩斯的理论，并奠定了现代经济增长理论的基础。

（2）它说明了经济波动的原因和实现经济长期、稳定、均衡增长的条件，并将复杂的经济增长理论简单化、模型化，为人们研究经济增长问题提供了新的思路。

（3）它强调了资本积累（表现为储蓄率或投资率）在经济增长中的重要作用。

（4）它阐明了国家干预和实现调控在促进经济增长中的必要性，为政府制定宏观经济政策及经济计划提供了理论依据、方法和手段。

6. 如果某一时期大批新工人迅速涌入劳动队伍会在两个方面影响生产率（人均产出量）：一方面新工人缺乏技能和生产经验；另一方面会降低人均资本设备量。这两方面都会降低生产率。

7. 美国经济学家丹尼森根据历史统计资料，运用定量方法，对美国和某些发达资本主义国家经济增长因素进行了估计和比较分析，把影响经济增长的因素划分为两大类：生产要素投入量和生产要素生产率。具体而言，影响经济增长的因素归结为六个，即：①劳动；②资本存量的规模；③资源配置状况；④规模经济；⑤知识进展；⑥其他影响单位投入产量的因素。

进一步归纳为，关于生产要素投入量方面的因素，丹尼森把经济增长看成劳动、资本和土地投入的结果，其中土地看成是不变的，其他两个则是可变的。关于要素生产率方面的因素，丹尼森把它看成产量与投入量之比，即单位投入量的产出量。要素生产率主要取决于资源配置状况、规模经济和知识进展。

8. 美国经济学家西蒙·库兹涅茨利用统计分析方法对经济增长因素进行了分析，从数量和结构方面对经济增长的趋势做了说明。他提出了影响经济增长的因素主要有三个：知识存量的增加、劳动生产率的提高和结构方面的变化。

具体地说：①经过一系列知识的转化过程，知识最终才能转化为现实的生产力；②以人均产值高增长率为特征的现代经济增长的主要原因是劳动生产率的提高；③人均产值增长率越高，其生产结构的变换率越快。

9. 经济周期是指一国总体经济活动的一种波动，即经济活动的扩张和收缩状况的交替重复出现的过程。现代关于经济周期的含义是建立在经济增长率变化莫测基础上的，认为经济周期是经济增长率上升和下降的交替过程。根据这一定义，衰退不一定表现为GDP绝对量的下降，只要GDP的增长率下降，即使其值表现为正数，也可称为衰退，所以在西方有增长性的衰退之说。

10. 自19世纪中叶以来，经济学家在探索经济周期问题时，根据各自掌握的资料提出了不同长度和类型的经济周期。如基钦周期为短周期，认为经济周期的平均长度是3～4年；朱格拉周期为中周期，认为经济周期的平均长度是9～10年；康德拉季耶夫周期为长周期，认为经济周期的平均长度是50～60年；库兹涅茨周期，认为经济周期的平均长度是15～25年；熊彼特周期为综合周期，他对基钦周期、朱格拉周期和康德拉季耶夫周期进行了综合，认为每一个长周期包括6个中周期，每一个中周期包括3个短周期。他以重大的创新为标志，划分了3个长周期。在每个长周期中仍有中等创新所引起的波动，这就形成了若干个中周期。在每个中周期中还有小创新所引起的波动，这就形成了若干个短周期。

11. 人口增长过快，一直是困扰落后国家经济发展的难题。由于人口增长过快资本积累、人力资本投资、市场需求及生态环境等一系列问题都难以解决。为了打破"贫穷—多生—贫穷"的怪圈，必须控制人口增长。实践证明，贫穷国家中的人们不可能自觉降低生育率，因此，控制人口必须严格实行计划生育，用行政的、法律的、经济的和思想教育等各种手段努力把出生率降下来。

六、论述题

1. 西方经济学家认为，虽然在乘数与加速数的相互作用下，经济会自发地形成周期性波动，但政府在这种经济波动面前仍可有所作为。政府可以根据对经济活动变化的预测，采取预防性措施，对经济活动进行调节，以维持长期的经济稳定。而政府的措施主要通过以下三个环节来实现。

(1) 调节投资。经济波动是在政府支出及自发性投资不变的情况下发生的，如果政府及时变更政府支出或者采取影响私人投资的政策，就可以使经济的变动比较接近政府的意图，从而达到控制经济波动的目的。例如，在行政投资下降时，政府可以增加公共工程的投资，增加社会福利的转移支付，或采取减税、降低利率及银行储备率等措施鼓励私人投资，从而使总需求水平不致因行政投资的下降而降低，以保持经济的稳定、持续地增长。

(2) 影响加速系数。如果不考虑收益递减问题，加速系数与资本—产量比率是一致的。政府可以采取措施影响加速系数以影响投资的经济效果。例如，政府可采取适当的措施来提高劳动生产率，使同样的投资能够增加更多的产量，从而对收入的增长产生积极的作用。

(3) 影响边际消费倾向。政府可以通过适当的政策影响人们的消费在收入中的比例,从而影响下一期的收入。例如,当经济将要下降时,政府可以采取鼓励消费的政策,提高消费倾向,增加消费,从而增加行政投资,进而促使下期收入的增加。

2. 熊彼特创新理论认为,企业家是企业的灵魂,而创新则是企业家的基本职能,创新对于企业有着重要的作用。创新可以建立新的生产函数,重新组织生产要素。创新包括:

(1) 引进新的产品。

(2) 开辟新的市场。

(3) 采用新生产工艺。

(4) 新材料和新能源的使用。

(5) 采用新的企业管理制度等。周期性的波动是这种创新的结果。熊彼特认为,经济周期是创新所导致的旧均衡的破坏和新均衡的建立过程,即创造性破坏过程。创新为创新的企业家带来超额利润,吸引其他企业仿效,形成第一次"创新浪潮"。这一浪潮导致创新者和仿效者扩大生产规模,增加投资,最终导致经济繁荣。随着新技术的普及,超额利润变小,投资需求减少,经济收缩,导致衰退。在第一次"创新浪潮"中,创新导致投资和信用需求增加,导致消费需求增加,资本物品生产部门和消费物品生产部门扩张,从而引起物价普遍上升,投资机会增加,出现了投机和投资失误现象这形成了第二次浪潮。第二次浪潮中许多投资机会并不是创新(技术进步)直接引起的,错误的投资或过度投资会导致供过于求,经济从衰退走向萧条。萧条后供需走向平衡,新的创新引起经济再次繁荣,经济进入下一个周期。大的创新导致长周期,小的创新导致小周期。

熊彼特对朱格拉周期、基钦周期和康德拉季耶夫周期进行了综合分析,认为每个长周期包括 6 个中周期,每个中周期包括 3 个短周期。短周期约为 40 个月,中周期为 9～10 年,长周期为 48～60 年。

3. 在凯恩斯的国民收入决定理论中,乘数原理考察投资的变动对收入水平的影响程度。投资乘数指投资支出的变化与其带来的收入变化的比率。投资乘数的大小与消费增量在收入增量中的比例(边际消费倾向)有关。边际消费倾向越大,投资引起的连锁反应越大,收入增加得越多,乘数就越大。同样,投资支出的减少,会引起收入的数倍减少。

加速原理则考察收入或消费需求的变动反过来又怎样影响投资的变动。其内容是:收入的增加会引起对消费品需求的增加,而消费品要靠资本品生产出来,因而消费增加又会引起对资本品的需求的增加,从而必将引起投资的增加。生产一定数量产品需要的资本越多,即资本—产出比率越高,则收入变动对投资变动影响越大,因此,一定技术条件下的资本—产出比率被称为加速系数。同样,加速作用也是双向的。

可见,乘数原理和加速原理是从不同角度说明投资与收入、消费之间的相互作用。只有把两者结合起来,才能全面地、准确地考察收入、消费与投资三者之间的关系,并从中找出经济依靠自身的因素发生周期性波动的原因。乘数原理和加速原理不同的是,投资的乘数作用是投资的增长(下降)导致收入的数倍增长(下降),而投资的加速作用则是收入或消费需求的增长(下降)导致投资的数倍增长(下降)。另外,二者发挥作用的条件也是不同的。乘数原理发挥作用的条件是资源闲置,加速原理发挥作用的条件是不存在过剩的生产能力。

宏观经济政策实践的参考答案

一、名词解释

1. 财政政策：政府变动税收和支出以便影响总需求进而影响就业和国民收入的政策。

2. 货币政策：中央银行通过银行体系变动货币供给量来调节利率进而影响投资和整个经济以达到一定经济目标的行为。

3. 充分就业：指一切生产要素(包含劳动)都有机会以自己愿意的报酬参加生产的状态。

4. 存款准备金：指金融机构为保证客户提取存款和资金清算需要而缴存在中央银行的存款。

5. 挤出效应：指政府支出增加所引起的私人消费或投资降低的效果。

6. 法定存款准备金率：中央银行规定商业银行和存款金融机构必须缴存中央银行的法定准备金占其存款总额的比率。

7. 财政政策和货币政策的混合使用：为实现收入与利率的不同组合，将扩张性或紧缩性的财政政策与扩张性或紧缩性的货币政策搭配使用，共有四种组合，这些组合为财政政策和货币政策的混合使用。

8. 自动稳定器：也称内在稳定器，是指经济系统本身存在的一种会减少各种干扰对国民收入的冲击的机制，能够在经济繁荣时期自动抑制通货膨胀，在经济衰退时期自动减轻萧条，无须政府采取任何行动。具有这种功能的制度主要是税收、政府转移支付和农产品价格维持制度。

9. 斟酌使用的财政政策：为确保经济稳定，政府要审时度势主动采取一些财政措施，变动支出水平或税收以稳定总需求水平，使之接近物价稳定的充分就业水平，这就是斟酌使用的财政政策。

10. 功能财政：根据权衡性财政政策，政府在财政方面的积极政策主要是为了实现无通货膨胀的充分就业水平。当实现这一目标时，预算可以是盈余，也可以是赤字，而不应为了实现财政收支平衡妨碍政府财政政策的正确制定和执行。这样的财政为功能财政。

11. 货币创造乘数：中央银行新增一笔原始货币供给将使活期存款总和(亦即货币供给量)增加的倍数称为货币创造乘数。

12. 基础货币：存款扩张的基础是商业银行的准备金总额(包括法定的和超额的)加上非银行部门持有的通货，可称为基础货币或货币基础。由于它会派生出货币，又称高能货币或强力货币。

13. 再贴现率：商业银行或专业银行用已同客户办理过贴现的未到期合格商业票据向中央银行再行贴现时所支付的利率。

14. 公开市场业务：指中央银行在金融市场上公开买卖政府债券以控制货币供给和利率的政府行为。

15. 年度平衡预算：每个财政年度预算的收支平衡。

16. 周期平衡预算：指政府在一个经济周期中保持收支平衡。

二、单项选择题

1～5	DBAAC	6～10	DCABB	11～15	DDCCC	16～20	ADBCC
21～25	CACAB	26～30	CCBCD	31～35	CADDD	36～40	CCABA
41～45	BCDDB	46～48	ACA				

三、判断题

1～5	FTFTT	6～10	FTTTF	11～15	FTFFF	16～20	TTTFT
21～25	TFTTF	26～30	TFFFT	31～35	TFTFF	36	F

四、计算题

1. (1) 由 $C=100+0.8Y, I=140-5r$，和 $Y=C+I$ 得 IS 曲线为

$$Y=1\,200-25r$$

由 $L=0.2Y, M=200$ 和 $L=M$ 得 LM 曲线为

$$Y=1\,000$$

由 IS-LM 模型联立方程组得均衡收入为

$$Y=1\,000\text{，均衡利率 } r=8\text{，投资 } I=140-5r=100$$

(2) 若货币供给从 200 亿美元增加到 220 亿美元，则 LM 曲线将向右平移 100 个单位(因为此时 $y=1\,100$ 亿美元)。

均衡收入 $y=1\,100$ 亿美元时，均衡利率 $r=4$，消费 $c=100+0.8\times1\,100=980$，投资 $i=140-5\times4=120$。

(3) IS 曲线仍为

$$Y=1\,200-25r$$

由 $L=0.2Y, M=220$ 和 $L=M$ 得 LM 曲线为

$$Y=1\,100$$

由 IS-LM 模型联立方程组得均衡收入为

$$Y=1\,100\text{，均衡利率 } r=4, I=140-5r=120$$

2. (1) 由 $C=100+0.8Y, I=150$ 和 $Y=C+I$ 得 IS 曲线为

$$Y=1\,250$$

由 $L=0.2Y-4r$，$M=200$ 和 $L=M$ 得 LM 曲线为

$$Y=1\ 000+20r$$

(2) 由 IS-LM 模型联立方程组得均衡收入为

$$Y=1\ 250,\text{均衡利率 } r=12.5,\text{投资 } I=150$$

(3) IS 曲线不变，仍为

$$Y=1\ 250$$

由 $L=0.2Y-4r$，$M=220$ 和 $L=M$ 得 LM 曲线为

$$Y=1\ 100+50r$$

由 IS-LM 模型联立方程组得均衡收入为

$Y=1\ 250$，均衡利率 $r=7.5$，投资不受利率影响仍为常量，即 $I=150$。

(4) 因为投资需求对利率的弹性 $d=0$，投资作为外生变量与利率无关，即 IS 曲线垂直，决定了均衡产出不变。货币供给增加，在产出不变时，货币供给大于货币需求，导致利率下降。

3. (1)由 $C=60+0.8Y_d$，$T=100$，$I=150$，$G=100$ 和 $Y=C+I+G$ 得 IS 曲线为

$$Y=C+I+G=230+0.8Y$$

化简得 $Y=1\ 150$

由 $L=0.2Y-10r$，$M=200$ 和 $L=M$ 得 LM 曲线为

$$Y=100+50r$$

(2) 由 IS-LM 模型联立方程组得均衡收入为

$$Y=1\ 150,\text{均衡利率 } r=3,\text{投资 } I=150$$

(3) 由 $C=60+0.8Y_d$，$T=100$，$I=150$，$G=120$ 和 $Y=C+I+G$ 得 IS 曲线为

$$Y=1\ 250$$

由 $L=0.2Y-10r$，$M=200$ 和 $L=M$ 得 LM 曲线为

$$Y=1\ 000+50r$$

由 IS-LM 模型联立方程组得均衡收入为

$Y=1\ 250$，均衡利率 $r=5$，投资不受利率影响仍为常量，即 $I=150$。

(4) 当政府支出增加时，因为投资是固定的，没有变化，所以不存在“挤出效应”。因为投资是常量，不受利率变化影响，也即投资与利率变化无关，IS 曲线是一条垂直于横轴 Y 的直线。

4. (1) 由 $C=90+0.8Y_d$，$T=50$，$I=140-5r$，$G=50$ 和 $Y=C+I+G$ 得 IS 曲线为

$$Y=C+I+G=1\ 200-25r$$

由 $L=0.2Y$，$M=200$ 和 $L=M$ 得 LM 曲线为

$$Y=1\ 000$$

(2) 由 IS-LM 模型联立方程组得均衡收入为 $Y=1\ 000$，均衡利率 $r=8$，投资 $I=140-5r=100$。

(3) 由 $C=90+0.8Y_d$，$T=50$，$I=140-5r$，$G=50+20=70$ 和 $Y=C+I+G$ 得 IS 曲线为

$$Y=1\ 300-25r$$

LM 曲线为

$$Y = 1\,000 + 50r$$

由 IS-LM 模型联立方程组得均衡收入为 $Y=1\,000$，均衡利率 $r=12$，$I=140-5r=80$。

(4) 存在完全“挤出效应”。因为政府购买增加了 20 亿元时，投资减少了 20 亿元，政府支出增加并没有带来国民收入增加。

5. (1) 活期存款乘数是 $k=1/(0.15+0.05+0.25)\approx 2.22$

(2) 货币乘数 $=(1+0.25)/(0.15+0.05+0.25)\approx 2.78$

(3) 狭义货币 $M_1=2.78\times(300+100)=1\,112$

6. 货币创造乘数 $=(1+0.38)/(0.38+0.18)\approx 2.46$

货币供给变动额 $=100\times 2.46=246$(亿元)

7. (1) 在本题中，没有考虑现金存款比率问题，因此，货币创造乘数 $=1/0.1=10$，货币供给 $M=1\,000+400\times 10=5\,000$(亿元)。

(2) 若中央银行把准备率提高到 0.2，货币创造乘数 $=1/0.2=5$，货币供给 $M=1\,000+400\times 5=3\,000$(亿元)。

(3) 若中央银行买进 10 亿元债券，即基础货币增加 10 亿元，则货币供给增加额 $=10\times 10=100$(亿元)。

五、简答题

1. 挤出效应是指在政府支出增加时，会引起利率的提高，这样会减少私人支出。所以原财政政策的效果被抵消掉一部分，甚至可能完全不起作用。挤出效应的大小取决于支出乘数的大小、货币需求对收入变动的敏感程度、货币需求对利率变动的敏感程度、投资需求对利率的变动的敏感程度等。其中，货币的利率敏感程度和投资的利率敏感程度是“挤出效应”大小的决定性因素。“挤出效应”与货币的利率敏感程度负相关；与投资利率敏感性正相关。在充分就业时，挤出效应最大，接近于 1；在没有实现充分就业时，挤出效应取决于政府开支引起利率上升的大小，此时挤出效应一般为 0～1。

2. “内部时滞”是相对“外部时滞”而言的，指从经济发展变动认识到有采取政策措施的必要性到决策者制定出适当的经济政策并付诸实施之间的时间间隔。可以分为三个组成部分：认识时滞、决策时滞和行动时滞。不同的经济政策具有不同内在时滞。货币政策由于从决策到执行所需的环节较少，其内在时滞较短。值得一提的是，当经济发展波动时，经济中存在的自动稳定器会在一定程度上起到熨平经济周期的作用，但由于自动稳定器无须政府干预会自动发挥作用，因而其内在时滞为零。政府要有效地影响经济运行，其制定和执行经济政策的内在时滞就必须尽可能地缩短。但由于内在时滞受一系列客观因素的制约，故其变动不可能太大。

3. 平衡预算的财政思想指财政收入与财政支出相平衡，财政预算盈余等于零的财政思想，按历史发展阶段主要分为两种：①年度平衡预算要求实现每财政年度的收支平衡。②周期平衡预算是指政府在一个经济周期中保持预算平衡。功能财政思想则认为，政府为了实现充分就业和消除通货膨胀，可根据反周期的需要来利用预算赤字和预算盈余，而不因为实现财政收支平衡而妨碍政府财政政策的正确制定与执行。可见，功能财政思想是对平衡预算财政思想的否定。两者区别在于平衡预算财政思想以追求政府收支平衡为目标，而功能财政思想强调财政预算的平衡、盈余或赤字都是手段，无通货膨胀的充分就业才是最终目标。

4. 公开市场操作指货币当局在金融市场上出售或购入财政部和政府机构的证券，特别是短期国库券，用以影响基础货币和货币供应量的一种政策手段。作为中央银行最重要的货币政策工具之一，公开市场业务具有明显的优越性，这主要体现在：①通过公开市场业务可以直接调控银行系统的准备金总量，使其符合政策目标的需要。②中央银行通过公开市场业务可以“主动出击”，避免“被动等待”。③公开市场业务操作可以对货币供应量进行微调，也可以进行连续性、经济性、试探性甚至逆向性操作，以灵活调节货币供应量。

5. 宏观财政政策的“内在稳定器”是指西方国家财政制度本身的某些特点，使它们自身具有某种调节经济、促进经济稳定的功能。其主要内容有：①所得税。在经济萧条时期，人们收入减少，税收自动减少，抑制了消费与投资的下降，从而减缓了经济下降的程度；而在通货膨胀时期，它可减缓经济膨胀的程度。②失业救济金和福利开支。在经济萧条时期，失业人数增加，个人收入减少，领取失业救济金和需要政府救济的人数增多，失业救济金和各项福利支出自动增加，这有助于增加社会总需求，抑制经济衰退；相反，在经济扩张和通货膨胀时期，它有助于抑制经济过度扩张。③农产品的支持价格。在经济萧条时期，农产品价格下跌，政府通过增加收购农产品，提高价格，增加农场主的收入；在膨胀时期，农产品价格上升，政府通过抛售农产品，稳定农产品价格，阻止通货膨胀的发生。

6. 为确保经济稳定，政府要审时度势，根据对经济形势的判断，逆经济风向行事，主动采取一些措施稳定总需求水平。在经济萧条时，政府要采取扩张性的财政政策，降低税率、增加政府转移支付、扩大政府支出，以刺激总需求，降低失业率；在经济过热时，采取紧缩性的财政政策，提高税率、减少政府转移支付，降低政府支出，以抑制总需求的增加，进而遏制通货膨胀。这就是斟酌使用的财政政策。同理，在货币政策方面，斟酌使用的货币政策也要逆经济风向行事。当总支出不足、失业持续增加时，中央银行要实行扩张性的货币政策，即提高货币供应量，降低利率，从而刺激总需求，以缓解衰退和失业问题；在总支出过多、价格水平持续上涨时，中央银行就要采取紧缩性的货币政策，即削减货币供应量，提高利率，降低总需求水平，以解决通货膨胀问题。这就是斟酌使用的货币政策。

六、论述题

1. 财政政策是政府变动税收和支出以便影响总需求进而影响就业和国民收入的政策；货币政策是政府当局即中央银行通过银行体系变动货币供给量来调节总需求的政策。

财政政策是政府为促进就业水平提高、减轻经济波动、防止通货膨胀和实现经济稳定增长而对政府支出、税收和借债水平所进行的选择，或政府对政府收入和支出水平所作出的决策。财政政策主要是通过变动政府支出、改变政府转移支付、变动税收和公债这些政策工具，通过乘数，作用于国民收入，进而达到调节宏观经济运行的目的。当经济衰退时，政府应通过削减税收、降低税率、增加支出或多种措施并用以刺激总需求，从而在需求不足时增加需求，国民收入和就业就可以增加了。反之，当出现通货膨胀时，政府可以通过增加税收或削减开支或多种措施并用以抑制总需求，货币政策是政府通过改变流通中的货币数量来影响利率水平，进而影响投资，最终达到调节产出的目标。中央银行的货币政策工具主要有再贴现率政策、公开市场业务和变动法定准备金率。当经济衰退时，政府应通过在金融市场上买进有价证券、降低贴现率和准备金率以增加货币供给，使得利率下降、信贷可得性提高，进而增加投资和消费，从而在需求不足时增加需求，国民收入和就业就可以增加了。反之，当出现通货膨胀时，政府应在金融市场上卖出有价证券，提高贴现率和准备金率以减少货币供给量从而抑制总需求。

2. 自动稳定器也称内在稳定器，是指经济系统本身存在的一种会减少各种干扰对国民收入的冲击的机制，能够在经济繁荣时期自动抑制通货膨胀，在经济衰退时期自动减轻萧条，无须政府采取任何行动。自动稳定器的制度包括政府所得税制度、政府转移支付制度、农产品价格维持制度等。

就税收制度而言，在经济繁荣时期，随着收入的增多，边际税率越高，上缴的税收就越多，税收增加的数量等于边际税率乘以国民收入，导致可支配收入的增加小于国民收入的增加，进而对消费起到抑制作用，再通过乘数作用使国民收入增速下降，税收能够在经济繁荣时期自动抑制通货膨胀；在经济衰退时期，随着收入的下降，纳税时按照相对低的税率缴税，导致税收减少幅度大于收入下降幅度，造成个人可支配收入比国民收入下降的慢，可以看作相对地增加了劳动者的收入，进而增加消费和总需求、促进经济增长，所以在经济衰退时期税收自动减轻经济萧条。

三部门经济中支出乘数值与两部门经济中支出乘数值的差额决定了税收制度的自动稳定程度，其差额越大，自动稳定作用就越大，这是因为在边际消费倾向一定的条件下，三部门经济中支出乘数越小，说明边际税率越高，从而自动稳定器就越大。

七、综合分析题

1. (1) 联邦基金利率。

(2) 它们减少货币供给(或降低其增长率)。

(3) 由于货币政策对经济的作用有时滞。如果美联储等到通货膨胀发生时，其政策效应就太迟了。因此，美联储希望根据它的通货膨胀预期作出反应。

(4) 政治家对短期投票的要求必定是有反应的。货币政策应该有长期观点，并在经济过热时(产量高于长期自然率时)作出政治上难以接受的决策。在这种情况下，未来价格有上涨的压力，所以适当的政策反应是现在紧缩的总需求。“在宴会进行时拿走香槟酒杯”是不受欢迎的。

2. (1) 当消费需求受利率影响时：

$$Y = C + I + G = 200 + 0.8Y - 1\,000r + 800 - 1\,000r + 200$$
$$Y = 1\,200 + 0.8Y - 2\,000r$$

IS 曲线：

$$r = 0.6 - 0.000\,1Y$$

当消费需求不受利率影响时：

$$Y=C+I+G=200+0.8Y+800-1\ 000r+200$$

$$Y=1\ 200+0.8Y-1\ 000r$$

IS 曲线：

$$r=1.2-0.000\ 2Y$$

显然，对比两种情形，消费取决于利率的 IS 曲线比消费不取决于利率的 IS 曲线要平缓一些。原因是在前一种情况下，利率的变动不仅影响投资，还影响消费，例如当利率下降时，不但投资会增加，消费也会增加，从而总需求增加会更多一些，因此 IS 曲线更为平缓。

(2) 根据资产市场均衡条件 $L=M/P$，有

$$0.2Y-1\ 000r=900$$

因此，LM 曲线为

$$r=0.000\ 2Y-0.9$$

根据 IS 曲线和 LM 曲线，可以求出两种情形下的均衡收入和利率。

当消费需求受利率影响时，$Y=5\ 000$，$r=0.1$；

当消费需求不受利率影响时，$Y=5\ 250$，$r=0.15$。

(3) 当 $G=400$，消费需求受利率影响时，IS 曲线为

$$r=0.7-0.000\ 1Y$$

又因为 LM 曲线 $r=0.000\ 2Y-0.9$，由此可得

$$Y=5\ 333.33,\quad r=0.166\ 7$$

在消费需求不受利率影响时，IS 曲线为

$$r=1.4-0.000\ 2Y$$

又因为 LM 曲线为 $r=0.000\ 2Y-0.9$，由此可得

$$Y=5\ 750,\quad r=0.25$$

比较财政政策的影响，政府购买的增加在第一种情况下(消费需求受利率影响时)对总收入影响更小一些。因为当消费需求受利率影响时，消费取决于利率的 IS 曲线更为平缓，增加政府支出时，利率上升，不仅要挤出私人投资，还要挤出私人消费，所以政府增加购买对总收入的影响要小于第二种情况。

参考文献

[1]《西方经济学》编写组. 西方经济学(下册)[M]. 北京：高等教育出版社，2011.

[2] 高鸿业. 西方经济学(宏观部分)[M]. 北京：中国人民大学出版社，2018.

[3] 曼昆. 经济学原理(宏观经济学分册)[M]. 梁小民，梁砾，译. 8 版. 北京：北京大学出版社，2020.

[4] 大卫·R.哈克斯. 经济学原理学习指南[M]. 梁小民，陈宇峰，译. 6 版. 北京：北京大学出版社，2012.

[5] 张顺. 宏观经济学习题集[M]. 2 版. 北京：中国人民大学出版社，2019.

[6] 高鸿业. 西方经济学学习与教学手册[M]. 北京：中国人民大学出版社，2005.

[7] 尹伯成. 现代西方经济学习题指南(宏观经济学)[M]. 上海：复旦大学出版社，2017.

[8] 杨月巧，唐彦东. 经济学原理学习指导[M]. 北京：清华大学出版社，2014.

[9] 吴云勇，马会，方芳，等. 微观经济学学习指南与练习册[M]. 2 版. 北京：清华大学出版社，2020.